丝路烽烟

——汉与匈奴在西域的较量

石云涛　著

创于1897
商務印書館
The Commercial Press

2018年 · 北京

图书在版编目(CIP)数据

丝路烽烟：汉与匈奴在西域的较量 / 石云涛著. —
北京：商务印书馆，2015（2018.12重印）
（丝瓷之路博览）
ISBN 978－7－100－09905－9

Ⅰ. ①丝… Ⅱ. ①石… Ⅲ. ①匈奴－战争史－研究－
中国－汉代 Ⅳ. ①K289

中国版本图书馆CIP数据核字(2013)第072188号

丝路烽烟
——汉与匈奴在西域的较量
石云涛 著

商务印书馆出版
（北京王府井大街36号 邮政编码 100710）
商务印书馆发行
北京富诚彩色印刷有限公司印刷
ISBN 978－7－100－09905－9

2015年9月第1版 开本 880×1230 1/32
2018年12月第2次印刷 印张 5 1/2

定价：38.00元

主　　办： 中国社会科学院历史研究所中外关系史研究室

顾　　问： 陈高华

特邀主编： 钱　江

主　　编： 余太山　李锦绣

主编助理： 李艳玲

编者的话

《丝瓷之路博览》是一套普及丛书，试图以引人入胜的方式向广大读者介绍稳定可靠的古代中外关系史知识。

由于涉及形形色色的文化背景，故古代中外关系史可说是一个非常艰深的研究领域，成果不易为一般读者掌握和利用。但这又是一个饶有趣味的领域。从浩瀚的大海直至无垠的沙漠，一代又一代上演着一出又一出的活剧。既有友好交往，又有诡诈博弈，时而风光旖旎，时而腥风血雨。数不清的人、事、物兴衰嬗递，前赴后继，可歌可泣，发人深省。毫无疑问，这些故事可以极大地丰富人们的精神生活。

本丛书是秉承《丝瓷之路》学刊理念而作。学刊将古代中外关系史领域划分为三大块：内陆欧亚史、地中海和中国关系史、环太平洋史。欧亚大陆东端是太平洋，西端是地中海。地中海和中国之间既可以通过海上丝绸之路，也可以通过草原之路往来。出于叙事的方便，本丛书没有分成相应的三个系列，但种种传奇仍以此为主线铺陈故事，追古述今。我们殷切希望广大读者和作者一起努力，让古代中外关系史的知识走进千家万户！

2012 年秋

引 子

丝绸之路沟通了古代不同国家、不同地区和众多民族间的贸易与文化交流。这条充满诗意的道路，并不总是驼铃悠扬，人马欢唱。在漫长的历史进程中，除了飞扬着黄沙，这条道路上还时时弥漫着硝烟。“大漠风尘日色昏，红旗半卷出辕门”，“黄沙百战穿金甲，不破楼兰终不还”，这些壮美的诗句，正是昔日丝绸之路的真实写照。

为了垄断和争夺丝路贸易的利益，沿途各种势力之间，曾经展开了错综复杂、连绵不断甚至惊心动魄的斗争。匈奴崛起于北方草原，并迅速扩张。他们的势力进入河西走廊、西域和中亚。当汉朝建立时，经过河西走廊通往西域的道路已经被匈奴人所控制。汉朝要克服这一障碍，不得不与匈奴展开外交及军事斗争。于是西域成为汉朝与匈奴反复争夺的战场，在一队队商旅迎着风沙奔走于茫茫古道的同时，鼓角齐鸣、人喊马嘶、血肉飞溅、尸横遍野的场面，也反复在丝绸之路上演。

为了保证西域的稳定和丝绸之路的畅通，汉朝对匈奴以及依附匈奴的国家和地方势力进行了无数次大大小小的战争。要了解丝绸之路的发展变化，就要了解这些战争。只有了解这些战争，才能让我们更清楚地知道，古代丝绸之路是在怎样的背景下实现畅通的。

石云涛

（北京外国语大学中文学院教授，中国文化走出去协同创新中心研究员）

目录 CONTENTS

第三章
进军西域

第四章
夺取西域

第五章
匈奴的衰落

第六章

西域三绝三通

第一章

和亲与反击

从刘邦开始，汉朝开始把宗室女子嫁到匈奴，称为和亲。同时，以陪嫁名义送去大量财物。匈奴一边侵扰汉朝北部边境地区，同时向西域发展，一边又从和亲中获得大量财物。汉武帝即位后，国力增强，反击匈奴的条件成熟了。汉朝从韬光养晦到亮剑马邑，终于揭开反击匈奴的序幕，并在关市下之战和收复河套的战争中取得初步胜利。

一 白登之战

公元前200年冬，汉高祖刘邦亲率32万大军北上。北方发生了什么情况，劳他御驾亲征呢？原来是驻守马邑城的韩王信投降匈奴，与匈奴联军南下，进入雁门关，攻入太原郡，直扑晋阳城下。韩王信，战国时韩襄王的庶出孙子，汉初因功被刘邦封为韩王，后来投降匈奴。

晋阳是中国古代北方著名的大都会，在今山西省太原市晋源区。历史上曾先后作为赵国都城、秦太原郡治、汉初代国国都、汉太原郡的政府所在地。这里是汉朝北方的重镇和门户，故刘邦绝不能容忍匈奴从此自由出入汉之边境，他亲自领兵迎击匈奴，征讨韩王信。在上党郡铜鞮县（今山西沁县一带），汉军与韩王信决战，大获全胜。韩王信部将王喜被杀，韩王信逃奔匈奴。

然而，韩王信的将领曼丘臣、王黄等人不久又卷土重来，他们拥立战国时赵王后代赵利为王，召集韩王信的残兵败将，联络韩王信，企图勾结匈奴，反攻汉军。匈奴冒顿单于派左、右贤王率1万多骑兵，与王黄等屯兵广武（今山西代县阳明堡）以南，至晋阳一带，企图阻挡汉军北进。

汉代匈奴人骑马铜像

汉军进至离石县（今山西吕梁市离石区），击败韩王信与匈奴的联军。匈奴再次在楼烦郡（今山西西北部）西北集结，又被汉骑兵部队击溃。此时，刘邦率大军进入晋阳。

娄敬墓

刘邦听说冒顿单于驻兵于代谷（今山西代县一带），便连派使臣十余批出使匈奴，目的是窥探匈奴虚实。冒顿单于猜知了使者的用意，便将精锐部队、肥壮的牛马隐藏起来，只让汉使者看到老弱病残。十余批使臣归来，都向刘邦汇报匈奴兵残马乏、不堪一击。刘邦又派老谋深算的娄敬出使匈奴，娄敬是刘邦的重要谋士，对于汉初政策的制定及西汉政权的稳定起过很大作用。刘邦定都长安，就是他的建议，因此赐姓“刘”，升任郎中。

娄敬赴匈奴未还，刘邦已统率大军北上，越过句注山。匈奴故作不敌，向北退却，吸引汉军北进。娄敬看破了冒顿的骄兵之计，回到广武，见到刘邦，他分析敌情，说：“两国交战，都应该夸示自己的优势，以威吓对方。可是我只见到他们的老弱病残，瘦马羸牛，这一定是故意示弱，埋伏着精兵欲出奇制胜，暂时不可进攻。”汉军大军已经出动，刘邦不听劝告，又以为娄敬动摇军心，把他囚禁在广武城，准备凯旋后再行处罚。

刘邦率骑兵先锋到达平城（今山西大同），步兵还没有赶到，冒顿单于遂于离平城十里的白登山（今山西大同东北马铺山）设下了埋伏。刘邦一路轻进，没有觉察，带领兵马进入了包围圈。匈奴 40 万精锐骑兵，突然出现在汉军周围，将汉朝兵马围困在白登山。刘邦组织突围，经过多次激烈的战斗，都没有成功。但见匈奴骑兵队伍严整，西面是清一色白马，东面是清一色青马，北面是清一色黑马，南面是清一色红马，轮番进攻，企图将汉军冲散。汉军拼死抵抗，双方损失惨重。此值隆冬季节，天气严寒，汉军士兵不习惯北方生活，十之二三的人被冻伤了手足。

刘邦被围困七天七夜，不得已采用陈平密计，派人贿赂匈奴阏氏（匈奴皇后），阏氏劝单于退兵。冒顿单于本来与王黄、赵利约定了会师的日期，但王、赵的军队没有按时赶到，冒顿单于怀疑他们同汉军勾结，便采纳了阏氏的建议，让开包围圈的一角，让汉军撤出。当天正值大雾天气，汉军将士拉满弓，每一步都小心谨慎地前进，终于突围。当刘邦回到平城时，汉军后续部队才赶到。匈奴解围而去，汉军罢兵而归，留下猛将樊哙驻扎代地。

陈平秘计是什么，能让阏氏替刘邦说情？当时的人们和后世有很多推测，甚至有一些山寨版的解释，但都不得其详。可能是当时使用的手段有失体面，所以秘而不宣。有一种说法，汉使见阏氏，带了两样东西，一是大量财物重宝，二是一幅汉朝美女像。汉使告诉阏氏："汉朝有如此漂亮的美女，打算献给单于。"阏氏担心汉朝美女入匈奴，会获得冒顿单于的宠爱，自己将因年老色衰而失宠，所以劝说冒顿单于，放汉朝皇帝逃生。其实，陈平的秘计很可能就是和亲，但在战场上以嫁公主为条件求匈奴放行，使刘邦很没面子，于是秘而不宣。这是汉朝与匈奴的第一次大战。

白登之战遗址

白登之战，拉开了汉与匈奴300多年和战的序幕。匈奴是中国北方的游牧民族，其生活以游牧为主，逐水草而居。"匈奴"这个名字，最早出现在战国时代。《史记》记载，赵国有了名将李牧，匈奴人才不敢入边骚扰。在李牧之前时代，匈奴的历史不是很清楚。古时中国北部，包括东北与西北的外族，史书上有很多不同的称呼，如山戎、猃狁、荤粥、林胡、楼烦、东胡、胡、月氏等。匈奴是其一，但匈奴人是来自中原，还是来自中亚塞族，还是由北方草原民族融合而成，有不同说法。

早期匈奴人的活动区域主要分布在今俄罗斯外贝加尔湖地区、蒙古国和中国北方草原地带。战国和秦汉时期，阴山南北已经成为匈奴人的主要活动区域。战国时，林胡、楼烦多次侵扰赵国，赵武灵王锐意革新，胡服骑射驱逐林胡、楼烦，在北边新开辟的地区设置了云中等县。林胡、楼烦北迁，融入新崛起的匈奴，使其势力大增。但战国末期，赵国大将李牧曾大败匈奴，他长驻北方，令匈奴不得南下。

秦朝统一中原地区时，匈奴正值头曼单于时期。“头曼”这个词，据说是突厥语“万”的意思，这个称呼包含着“众多广大”之意，可能在他统治时期，匈奴百姓人数已经很多。从头曼单于开始，匈奴的历史才算比较清楚。但当时匈奴并不是北方草原最强大的部落联盟，北方草原的局势是“东胡强而月氏盛”，他们东边是东胡，西边是月氏。匈奴弱小，夹在中间，臣属月氏。

公元前 214 年，秦朝名将蒙恬率领 30 万秦军北击匈奴，收复河套，屯兵上郡（今陕西省榆林市东南），“却匈奴七百余里，胡人不敢南下而牧马”。蒙恬从榆中（今甘肃榆中）沿黄河至阴山构筑长城关塞，连接起战国时秦国、赵国、燕国三国所修 5000 余里旧长城。又依阳山（阴山之北）逶迤而北，修筑北起九原（今内蒙古包头西）、南至云阳（今陕西淳化）的直道，从而构成了北方漫长的防线。蒙恬镇守北方十余年，匈奴惧其威猛，不敢侵犯，在与秦的对峙中处于劣势，只好向北迁徙。

匈奴崛起，成为欧亚大草原东部的霸主和中国北方强敌，是从头曼单于的儿子冒顿开始的。《史记 · 匈奴列传》云 ：“然至冒顿而匈奴最强大，尽服从北夷，而南与中国为敌国。”匈奴为什么能在这个时候崛起呢？有两个主要的原因：一是秦朝灭亡后，中原地区出现了楚汉相争的局面，为匈奴的发展提供了机遇；二是匈奴中出现了一位精明强悍的头领——冒顿单于。

冒顿这个名字，按照蒙古语释义，是“猛勇”的意思。他是头曼单于的太子，头曼有不少阏氏，他宠爱另一名阏氏，这位阏氏生了一个儿子，头曼单于想废冒顿而立少子，但又不想落下因宠妃而废立的恶名，便想出了一个借刀杀人的毒计，他把冒顿送去月氏当质子——把儿子当作人质送给对方。

月氏是一个古老的民族，其起源说法不一，有一种说法认为他们是起源于乌拉尔山、南西伯利亚一带的游牧民族，属古代原始印欧人种，曾在现在的河西走廊西端的敦煌、祁连山之间游牧。月氏居于河西时与匈奴有着密切的关系。月氏势力强大，与蒙古高原东部的东胡族从两面胁迫游牧于中部的匈奴人。

公元前209年左右，头曼单于把儿子冒顿送至月氏，然后出兵攻月氏。月氏要杀冒顿，机警的冒顿盗善马冒险逃回。经过这场生死斗争，头曼看到了冒顿的勇猛和胆识，长期遭受多方挤压的头曼似乎在儿子身上发现了民族强盛的希望，有些回心转意，居然交给冒顿一万骑兵。而此时的冒顿却心生怨恨，伺机夺权。

冒顿令部下制造鸣镝（射出后发出哨音的箭），训练了一支绝对忠实于自己的部队，不仅培养其高超的骑射技术，还制定一条铁的纪律：冒顿的鸣镝射向何处，众人必须齐射目标，否则斩首。有一天出行打猎，有不射鸣镝所射者，冒顿立刻将其斩首示众；不久，冒顿以鸣镝射自己的善马，有人不敢射，冒顿立刻将其斩首示众；再不久，冒顿又以鸣镝自射爱妻，有人不敢射，冒顿立刻将其斩首示众；再不久，冒顿以鸣镝射头曼的善马，左右皆射之，冒顿这才感到这些人已经被他训练成熟。一天，冒顿随头曼射猎。冒顿以鸣镝射头曼，他的手下随鸣镝齐射，头曼单于遂死于乱箭之下。杀死了父亲的冒顿一不做，二不休，又杀死后母、小弟及不听从自己命令的大臣，自立为单于。这一年在中原地区，是秦二世元年，即公元前 209 年。

夺取了单于之位的冒顿表现出异于常人的思维、过人的胆识和勇气。当时东胡强盛，居住在辽河上游柳河流域。东胡王听说冒顿政变的消息，便有意试探这位新上任的单于。他派人到匈奴，向冒顿索要头曼单于骑乘的千里马。冒顿征求大臣的意见，大臣们说："千里马是匈奴宝马，不能给！"冒顿说："既然与人为邻，干吗舍不得一匹马呢？"慨然送千里马给东胡。东胡王以为冒顿软弱可欺，又派人来，要冒顿选送一位自己的阏氏给东胡王为妻，冒顿又问大臣，大臣都替单于感到耻辱，异口同声："东胡无礼，竟然索要单于阏氏，这是对匈奴人的侮辱，请单于发兵，击东胡。"冒顿说："与人为邻，为什么舍不得一个女人呢？"把自己最喜欢的一名阏氏送给了东胡王。东胡王更加狂傲，开始侵略匈奴。

在东胡与匈奴之间有千余里的闲地，其实是双方的隔离带，长期以来双方谁都不进入这块地方，以此避开不必要的摩擦。东胡王派人见冒顿，要求这块闲地归属东胡。冒顿问大臣，有大臣说："那是无用之地，可以给。"冒顿大怒，说："土地是国家的根本，岂可轻易给外人！"凡说可以将土地给东胡的大臣都被斩首。

冒顿上马，率军出兵击东胡。东胡从来不防备匈奴，因此被冒顿打了个措手不及，东胡王被杀，东胡百姓畜产被冒顿尽掳而去。匈奴由是力量大增，冒顿乘胜西征，击败月氏，月氏被迫西迁。冒顿又南下击破楼烦、白羊河南王（匈奴别部，居今内蒙古南部，河套以南），收复了当年被秦朝蒙恬占领的匈奴故地，一直扩张到朝那（今宁夏固原东南）和肤施（今陕西榆林南鱼河堡），侵扰燕、代之地。秦朝北方边境从此不再安宁。

此后，楚汉相争，中原地区被战争折磨得疲惫不堪，冒顿在北方草原乘势崛起。当时冒顿拥有强兵三十余万。国家机构日益完善。最高首领为单于，单于之下设左、右屠耆王（屠耆是音译，即左右贤王。匈奴以左为尊，左屠耆王由太子充任，并继承单于位），左、右谷蠡王，左、右大将，左、右大都尉，左、右大当户，左、右骨都侯，凡二十四长，这些都是大贵族，统率军队，多的万余骑，少的数千骑。大贵族下设各级军官，有千长、百长、什长，处理政务的有裨小王、相、都尉、当户、且渠等，这些职务都由贵族世袭。

在这种体制下，这个原本松散的游牧民族被组织得像一支军队。公元前 3 世纪，单于又把全国分为三部分，单于居中直接统治中央区域，即中央王庭，左屠耆王（左贤王）统治东边，右屠耆王（右贤王）统治西边，有点儿类似三个大军区。此时，匈奴控制着从里海到中国东北的广大地域，包括今蒙古国、俄罗斯西伯利亚、中亚北部和中国东北等广大地区。

匈奴作为游牧民族，不事生产，为了维持生存，必须在战争中掠夺奴隶和财物，由此形成了尚武、鼓励战功的风气。杀一人，奖励一卮酒，抢掠所得财物归个人所有；捉到俘虏，可以作为自己的奴隶。匈奴人为利所趋，打仗时都不顾生命，奋勇争先。这种军国主义政策，造成举国尚武的风俗，匈奴人从小就学习骑射，驰马弯弓，以杀掠为荣。

冒顿单于垂涎于中原的财货美人，无时不想着南侵，终于，韩王信的反叛给他提供了一个绝佳的机会。韩王信，战国时韩襄王之孙，响应刘邦起义，带兵攻打韩地有功，获封国于颍川一带，定都阳翟（今河南禹州）。公元前 201 年春，刘邦认为韩王信的封地乃兵家必争的战略重地，担心韩王信坐大后对中央构成威胁，便以防御匈奴为名，将韩王信封地迁至太原郡，以晋阳（今山西太原）为都。韩王信对刘邦的用意似乎并无察觉，他以自己的封国在边境地区，匈奴不断入侵，而晋阳离边塞太远，不便防备为由，上书请求把都城迁至马邑，得到刘邦批准。马邑距中原更远，而距匈奴更近，显然韩王信仍以国家利益为重，并没有计较个人得失。

同年秋，冒顿单于攻马邑，刘邦却怀疑韩王信暗通匈奴，致书责备，韩王信见信后惶恐不安，担心被杀，便与匈奴约定以马邑之地请降，共同攻汉。随后，韩王信与匈奴挥师南下，攻入雁门关，轻取太原郡，令北方震动，汉廷恐慌。

此后的事情，就是本章开头提到的白登之战。

二 忍让的和亲

白登之战，让匈奴和汉朝彼此有所了解。汉朝立国不久，经济亟待恢复，难以应对机动灵活的匈奴骑兵，如果在边境长期驻兵防御，实效不大却空费粮草；而一旦兵力空虚，匈奴的骑兵就如旋风一样倏忽而至，大肆劫掠。因此，白登之战后，刘邦倾向于跟匈奴和亲，娄敬也极力提倡和亲。刘邦便派娄敬去匈奴订立婚约。然而，吕后不忍心女儿远嫁匈奴，日夜哭闹，此事便被搁置下来。

看到汉廷势弱，冒顿不断侵扰北方边地，匈奴造成的边患令刘邦深感不安。但匈奴是个惹不起的对手，汉朝的一些变臣也往往跑到匈奴去避难。为了获取汉朝的情报，便于进攻，匈奴也乐于接受这些避难者。这就不能不引起汉朝与匈奴之间的摩擦和冲突。

最明显的例子就是韩王信，他投降匈奴后起了很坏的作用，他同赵利、王黄屡次违背汉与匈奴所订的盟约，侵掠代郡（今河北蔚县）和云中郡（今内蒙古托克托）。汉将陈豨谋反，又和韩王信合谋进攻代地。汉朝派名将樊哙前去迎击，才重新夺回代郡、雁门郡（今山西代县）和云中郡，但汉军谨守盟约，不曾越过边塞。匈奴并不因此有所收敛，还是频频骚扰汉地。

为了安抚匈奴，刘邦决心和亲，但碍于吕后的阻挠，改以宗室女为公主，嫁给冒顿单于为阏氏，并派娄敬作为使臣陪同前往，并答应每年奉送匈奴大批丝绸、酒米等。刘邦与冒顿结为兄弟，约定以长城为界，互不相犯，两国的关系得到暂时的缓和。这便是汉与匈奴的第一次和亲。

和亲，确实为双方的和平相处增加了一个重要的理由，公主的陪嫁和每年的贡物又满足了匈奴的实际需要，故在一定程度上，匈奴减少了对北方边地的侵扰活动，“冒顿乃少止”。但汉与匈奴在边境地区的摩擦并没有结束，燕王卢绾造反，率领党徒数千人投降了匈奴，往来于上谷郡（今河北怀来）以东，烧杀劫掠，给当地百姓造成严重灾难。上谷郡始置于战国燕昭王二十九年（前 283），郡城在今张家口宣化区，因建在大山谷上而得名，自古以来就是军事要地。卢绾叛逃对汉朝北方边境地区造成极大威胁，虽然卢的逃亡亦有苦衷，但客观上对汉廷打击很重，助长了匈奴气焰。

汉惠帝、吕太后时期，匈奴非常倨傲。冒顿写信给吕太后，言辞悖慢，大意说自己独居，吕后守寡，皆无以自娱，欲娶吕后为妻，兼并匈奴和汉朝。吕太后不堪羞辱，想兴兵问罪，但将军们，尤其是季布、陈平分析当时形势，以为出击匈奴胜负难料。吕太后不得不放弃出兵的主张，又挑了一位宗室女，备下丰厚嫁妆，送与匈奴和亲。

汉文帝继位后又与匈奴议和亲之事。但和亲婚约未定，匈奴就不顾盟约，悍然入侵。文帝三年（前 177）五月，匈奴右贤王进入河南地（黄河河套南岸地区）驻扎，杀掠上郡一带边塞城堡的各族百姓。文帝命丞相灌婴调发战车、骑兵，前往高奴县（今陕西延安），迎击右贤王，文帝御驾亲征至太原，右贤王见汉军势大，赶紧撤回塞外。这时，济北王刘兴居造反，文帝只好罢北征，回军镇压叛军。

汉朝谨守盟约，不曾出兵塞外。和亲，是为了维系和平，但右贤王的入侵，破坏了汉高祖以来汉匈双方的和亲关系，汉匈进入对抗状态。

右贤王撤回塞外后，又奉单于之命西征，击败西域月氏、乌孙、楼兰、呼揭诸国及周边诸小国，从此率部居于匈奴右地，即匈奴王庭之西，今蒙古国西部。其领地西邻呼揭国（今额尔齐斯河至哈萨克斯坦斋桑湖一带），西南与乌孙国（今新疆沙湾）接壤，东南与汉朝上郡相近，正南方与氐人、羌人之地（今甘肃境内）相接。

右贤王被汉军赶走的第二年，冒顿单于遣使入汉，匈奴使者带来单于给汉文帝的信，表示重修和亲之意。入夏时节，匈奴使者来到一个叫作薪望的地方，让汉朝守边的将士把书信转交到朝廷。汉文帝召集大臣举行廷议，商讨对付匈奴的策略，议题是进行军事打击还是继续和亲。公卿大臣们都认为，匈奴刚打败月氏，正处在胜利之时，汉军胜算不大，匈奴的土地都是低洼盐碱地，得之无益，还是和亲有利。于是，文帝答应了匈奴和亲的请求。

冒顿单于写给汉文帝的这封信，关于匈奴的发展以及汉与匈奴的关系，其中包含着丰富的信息，不仅有一些外交辞令，还有许多潜台词，颇值得分析。

冒顿强调，本来是汉朝官吏侵犯了右贤王，造成这次冲突；现在我不计较前嫌，惩罚右贤王，命他西征，去打西域各国，让他戴罪立功，以此表达对汉朝的歉意。

冒顿不无炫耀地说，右贤王西征大获全胜，不仅击灭了月氏，而且平定了地处西域的楼兰、乌孙、呼揭以及他们周围的 26 个国家，北方众多的游牧民族合并为一家。这是宣示主权，北方草原和西域这广大地区已属我匈奴所有。当然还包含着其他潜台词，至少冒顿在告诫汉朝，我已经征服了北方和西域大面积的土地，我已经没有后顾之忧，与汉朝的对抗，匈奴有了更加有利的条件。这是炫耀，也是恐吓。

但匈奴不愿意处于长期的对峙状态。在与汉朝和亲的政策下，匈奴可以获得巨大利益，一旦双方关系破裂，这些唾手可得的丝绸、酒米、食物的馈赠便会中断。匈奴对汉朝边境地区只是劫掠，抢人抢东西是其目的，抢完走人。一旦真的打起来，硬碰硬，以汉朝的实力，匈奴必然付出巨大代价。因此，匈奴乐于和亲。

于是，在这封信的最后，冒顿表示愿与汉朝恢复和亲关系，如果得到汉朝的友好回应，他也愿意做出一些让步，比如让住在边境地区的游牧民撤离，言外之意是解除边境上对汉朝的军事威胁。另外，还说明此次遣使入汉，匈奴备好了一份厚礼送给汉文帝。

从这封信里，我们获得了一个重要信息，匈奴势力进入西域，正是汉文帝三年至四年（前 177—前 176）的事情，右贤王平定的楼兰、乌孙、呼揭等 26 国，正是丝绸之路必经的西域要道。从此，汉朝交通西域，匈奴成了最大障碍。

对于冒顿修好的意向，汉朝给予了善意的回应。汉文帝六年（前 174），汉文帝给冒顿单于送去一封回信，信里首先肯定冒顿修好的意愿，认为这是古代圣明君主的思想。但汉朝跟匈奴一样，把汉匈关系破裂的责任推给对方，信里严正指出违背和约、离间兄弟般亲密关系的常常是匈奴，但汉帝料到冒顿的歉意不过是做戏，便顺水推舟，要求单于不要深责右贤王，顺便对冒顿表示慰问，赠送他一份厚礼，以体现礼尚往来。

这以后不久，冒顿死去，他儿子稽粥继位，即老上单于。汉文帝履约，嫁宗室女给老上单于，继续和亲。老上单于在位期间，汉匈关系又进入紧张状态，这与一位名叫中行说的奸诈之徒有关。

汉文帝六年（前 174），打发宗室女出嫁老上单于稽粥，朝廷派宦官中行说随行，让他做公主的老师。中行说是燕地人，熟悉北方的情况，他知道这是个苦差事，而且将久别故土，所以不想去。朝廷强派他去，中行说心中不满，便投降了匈奴。中行说了解汉朝的情况，经常煽动单于要寻找有利的时机和地点，对汉朝进行劫掠。在中行说的挑唆下，匈奴对汉朝掀起新的攻势。

老上单于在位，匈奴势力继续扩张，向西再次击败月氏，迫使大部分月氏人西迁。这些月氏人迁至伊犁河谷和准噶尔盆地，被称为大月氏。大月氏打败这里的乌孙人，杀死乌孙王难兜靡。但匈奴帮助乌孙反攻大月氏，迫使大月氏继续西迁。月氏王的头颅被单于保存下来，在重要的集会或会盟时，单于就用它当饮器。直到一百年后，呼韩邪单于降汉，在与汉使的会盟中，还曾拿出来使用。

老上单于本来就对汉地的财货虎视眈眈，有了中行说这样熟悉情况的人做参谋，他就更加频繁地侵扰汉朝北边。

汉文帝十四年（前 166），老上单于率 14 万骑兵从朝那郡、萧关攻入汉地，杀死北地郡（今宁夏固原附近）都尉孙卬，掳走人民畜产甚多，进军至彭阳县（今宁夏南部）。其前锋到了雍县（今陕西凤翔）和甘泉宫，火烧回中宫，离长安只有 240 多里。

汉文帝以中尉周舍、郎中令张武为将军，发战车千乘，骑兵十万，驻军长安附近，以备胡寇。拜昌侯卢卿为上郡将军，宁侯魏遫为北地将军，隆虑侯周灶为陇西将军，东阳侯张相如为大将军，成侯董赤为前将军，发车骑往击胡。

汉文帝一度甚至考虑要御驾亲征。老上单于率领的匈奴军队，在长城内活动一个多月后才离去。这一时期，匈奴每年都跨越长城，侵入边塞，杀掠人民畜产。

汉文帝对北方边事非常忧虑，派使者给匈奴单于送去一封信和丰富礼物，单于也派遣当户来汉送信，以表达谢意，双方商量和亲之事。汉文帝后元二年（前 162），汉朝再派使者给单于送信，强调双方要守信用，保持和平。汉匈间再次签署和亲盟约，汉文帝下令御史示令全国："匈奴大单于给我的信说，和亲已经确定，逃亡的人不足以增加彼此的民众和土地，今后匈奴人不再进入边塞，汉人不要走出边塞，违犯现今条约的处死，这样可以长久保持友好关系，免生祸端，这于双方有利，我已答应了他的要求。请向全国发布告示，让百姓都知道此事。"和亲，再次给汉匈双方带来了暂时的和平。

汉文帝后元三年（前 161），老上单于死，儿子军臣继位为单于。中行说成为辅助军臣单于的重臣。汉文帝再次与匈奴和亲，但因为中行说一直在破坏汉与匈奴间的关系，故军臣单于继位第四年，即以 3 万骑兵入侵上郡和云中郡，杀死许多汉人，抢掠大量财物离去。

汉甘泉宫遗址

雁门关

匈奴骑兵侵入代地勾注山边界，报警的烽火一直燃向甘泉宫和长安城。勾注山即雁门山，上有天险雁门关。汉军依傍险要的地理位置，阻止了匈奴侵入汉境。但首都长安警报屡鸣，人心惶惶。这种局面持续数月，直到汉朝大批兵马开往边境，匈奴才远离边塞。

又过了一年多，文帝去世，景帝继位，吴、楚等七国诸侯王叛乱。赵王刘遂参与了这场叛乱，他派人暗中与匈奴联络，勾结其南下，制造南北夹攻的局面。匈奴也想浑水摸鱼，双方一拍即合。但由于七国之乱被迅速平息，匈奴才不得不停止入侵。

汉朝建立后60多年间，匈奴一边从和亲中获取巨大利益，一边不断地发动对汉朝北部边境地区的侵扰和掠夺。汉朝则一边用和亲的手段，缓和匈奴对中原地区的进攻和侵扰，一边养精蓄锐，做反击匈奴的准备。战争从来都不是单纯的军事行为，汉朝对匈奴一直采取忍让和防守的态度，不仅仅是军事力量问题，还因为汉朝统治者面临其他更棘手的问题。

第一，打仗需要财力。由于连年的战争，中原人口锐减，男丁稀少，社会经济遭受严重破坏，无力应对匈奴的进攻，只能与之和亲。文帝、景帝时是中国古代历史上少有的和平盛世，经过长期的休养生息，汉朝终于从经济困境中走出，人丁兴旺，府库充足，这为汉朝的一切对外对内举措奠定了坚实的物质基础。

第二，汉初以来建立的诸侯王国，尾大不掉。那些诸侯王都是一方小皇帝，有人有钱有兵马，对中央集权他们有意见，而汉廷中央绝不能无视他们的存在。如果轻易对匈奴用兵，“后院”极有可能失火。为了加强中央的权威，汉文帝以来，一直在极力削弱诸侯王的势力。从对付匈奴方面来说，这也是在解除后顾之忧。

第三，汉兵机动打击能力太差。汉初以来，汉军一直在为抵御和反攻匈奴做准备，其中一个重要的措施就是发展骑兵。匈奴人善骑射，而中原地区过去主要是步兵和车队作战，这是汉兵的短处，不适合对付匈奴机动灵活的骑兵。匈奴总是仗着骑兵的优势突袭骚扰，汉朝要接招，就不能没有自己的战马和骑兵。于是，汉朝一直致力于发展骑兵。文帝时大力提倡养马，在西北及北部边境设立 30 个牧马所，用官奴婢 3 万人从事牧养。景帝时“始造苑马以广用”，训练众多而精强的军马以扩大骑兵。当汉军拥有 20 多万骑兵时，匈奴的优势就丧失了，何况汉军还一直在苦练杀敌本领。此外，文帝还采纳晁错的建议，改革边防军轮换制度，用免税、赐爵、赎罪等办法移民实边，增强边境地区驻防力量。

和亲不是委曲求全，而是励精图治；妥协，不是忍气吞声，而是韬光养晦。到汉武帝即位后，反击匈奴的条件终于成熟，汉朝赢得了夺取胜利的主动权。汉朝与匈奴的较量进入一个新阶段，反击即将开始。

四 亮剑马邑

汉武帝像

景帝在位16年，按以前的盟约行事，继续与匈奴和亲，互通关市。匈奴虽然时有小小的骚扰，并没有大规模的侵掠，汉与匈奴边境地区呈现和平稳定局面。武帝继位后，申明和亲的规定，宽厚地对待匈奴，继续通关市，并赠送大量财物。匈奴上下，从单于到平民，都亲近汉朝，双方通使往来于长城之下。

但这一切，都是大战前的一时平静，因为雄才大略的汉武帝绝不能容忍北方有此强敌存在，而且匈奴反复无常，不能因其一时的消停而忘记大患。更重要的现实条件是，汉武帝即位后，中央集权大大加强，国家的经济实力空前雄厚；长期以来，汉朝培养了大批战马，可以装备数万精锐骑兵，完全有实力对付匈奴的骑兵。

就在汉武帝处心积虑寻找时机向匈奴发动进攻时，边境上抓到的匈奴人告诉汉朝，过去曾有一个叫月氏的民族活动在北方草原，但被匈奴打败迁走了。这个细节引起了汉武帝的注意，虽然汉朝的力量足以对付匈奴，但如果有别的势力加入反匈的统一战线，岂不更好！月氏人正是反击匈奴的盟军。

汉武帝下旨招募寻找出使大月氏的人选，年轻郎官张骞勇敢站了出来。张骞，城固（今属陕西汉中，位于汉中盆地中部，北靠秦岭，南依巴山）人，直到今日，城固父老还为出了张骞而倍感自豪。

郎官是议郎、中郎、侍郎、郎中等官员的统称，主要职责是守卫门户、出充车骑，也要随时准备帝王的咨询顾问。郎官常有出任地方大吏的机会，所以被当时人看作出仕的重要途径。如果张骞老老实实地当郎官，按步升迁，出人头地也只是个时间问题，但他却不畏险途，应募出使，可见他并不贪图安逸，而是想在强国盛世的时代，干一番事业。

建元三年（前 138），张骞一行百多人出陇西，寻找西迁的大月氏，但不久便与汉廷失去联络，不知去向。大月氏能否找到，并不是反击匈奴的必要条件。等不及张骞的消息，汉朝便发起了对匈奴的进攻。

本来，汉武帝与匈奴已达成和亲协议。当匈奴陶醉在和亲气氛中，静候美人财货的到来时，他们万万没有想到汉朝正在实施一个阴谋。

元光二年（前 133）六月，针对匈奴入侵边境的情况，汉武帝举行了一次廷议，召集群臣商量对策。当时有马邑商人聂壹进谒王恢，说匈奴常为边患，不如乘他们和亲无备，诱其入塞，伏兵袭击，必获大胜。王恢是燕地人，曾担任边境地方官，熟悉匈奴情况。在朝廷任大行，属主战派。大行是接待宾客的官吏，相当于现在的外交官。建元元年（前 140），匈奴请和亲，他曾与主和派韩安国廷争，极力反对和亲。这次廷议讨论外交问题，王恢认为聂壹的建议有理，廷议力主朝廷用兵。汉武帝正年少气盛，为之所动，采纳了他的诱敌深入之计。

汉武帝派护军将军韩安国、轻车将军公孙贺、材官将军李息，率精兵 30 万埋伏于马邑城（今山西朔州）周围山谷；派将屯将军王恢、骁骑将军李广绕至匈奴背后，截夺辎重。又令聂壹故意违犯禁令，运出走私货物同匈奴交易，并向军臣单于献计，佯称出卖马邑城。

聂壹告诉军臣单于："马邑城有大量丝绸、粮食，我手下有同伙数百，可以混入马邑城内，杀死县令、县丞，举城投降。这样，您就可以得到满城财物了，但是，您一定要派大军前来接应，以防汉兵进攻。”单于贪图马邑城的财物，亲率10万骑兵侵入武州边塞。他先派小头目随聂壹进入马邑，等斩了县令、县丞的头，然后进兵。聂壹返至马邑，与县令、县丞密谋，杀了几名死囚，割下他们的脑袋，悬挂在城头上，欺骗匈奴来使，说县令、县丞已被杀，他手下的人已经成功地控制了马邑。

于是，军臣单于亲率骑兵10万人入武州塞来接应。武州塞是古代军事要塞，在今山西左云至大同西一带。他万万没有料到，马邑是一个大口袋，正等着他往里钻。

军臣单于来到距马邑百余里的地方，发现沿途有牲畜，却无人放牧，顿起疑心。不巧路旁有一个亭堡（哨所），于是军臣单于领兵攻打。其时，雁门郡尉史（汉朝下级军官）正在巡察，他看到敌军来袭，就进入亭堡躲避。亭堡内除尉史外只有守兵百人，平常无非是瞭望边境，通报边情，真打起仗来就是不堪一击，现在被匈奴大军所围，自然不战而降。

军臣单于要杀尉史，尉史知道汉朝的计划，为了保住自己的性命，他便向单于交代了这一重大军情和汉军埋伏的地点。军臣单于又惊又喜，惊的是汉朝竟然策划了这样一场惊天大阴谋，这是前所未有的；喜的是虽然上当受骗，好在还没有钻进汉军的大口袋，悔之未晚。他用手擦着额上的汗珠说："我得到尉史，没有上汉天子的当，真是上天所赐。"于是，封尉史为"天王"，军臣单于立即率军退回塞外。

汉军原本计划，一旦军臣单于进入马邑城，就纵兵攻杀。韩安国等带领大军，分驻马邑城周边，等了好几天却不见动静，只好改变作战方案，率军出击。结果，连匈奴的影子也没见到，汉军空手而回。

王恢已率军迂回到代郡，预备袭击匈奴背后。一旦马邑开打，他就在这里截取匈奴粮草辎重，断绝匈奴大军的供应，猛听得军臣单于已经撤军，非常意外。他心上暗忖，匈奴兵力强盛，自己军队不过 3 万人，便没敢出击，无声无息地退了军。

王恢本是这次伏击战主谋，却畏敌不战，这让汉武帝很没有面子，武帝认为，如果王恢多少缴获匈奴一点儿粮草，也算给大臣们一个交代。汉武帝想用他的头为这次行动作交代，王恢贿赂太后求免，但武帝不肯饶他，于是王恢自杀。

这就是历史上有名的马邑之战，准确地说是马邑之谋，因为并没有开战。汉王朝诱敌之计被军臣单于识破，十万骑兵全部逃脱。

虽然汉朝诱敌之计未获成功，但成为汉朝大规模进击匈奴的先声。汉朝亮剑马邑，标志着汉匈长期和亲关系破裂，进入激烈的军事对抗阶段。

单于“绝和亲”，决意报复汉人的进攻；汉朝决心解除长期以来边境地区所遭受的匈奴威胁，洗雪 60 多年的耻辱。

一位伟大的将军，即将亮相。

第二章

匈奴未灭，何以家为

河西走廊至西域，是丝绸之路要道。匈奴在军事上连遭重创，退居漠北，只能向西域发展；汉朝在北方取得军事上的优势以后，想要交通西域，便须在西线同匈奴较量。而要进入西域，又须先打通河西走廊。汉将霍去病统兵进击匈奴夺取河西走廊，在丝绸之路开拓史上意义重大。

一 从奴隶到将军的卫青

既然在马邑已经开打了，以后的战争就不再寻找借口。抢掠，是匈奴的硬道理，报复，就是理由。汉匈关系破裂后，汉朝不再嫁公主给匈奴，匈奴单于也拒绝与汉朝和亲。

匈奴骑兵常常攻击直通要道的边塞，侵入汉朝边境抢掠，次数之多，无法计算。史载匈奴“数入盗边”，侵扰渔阳郡（今北京密云），杀辽西郡（今辽宁义县）太守，入侵雁门郡，“杀掠千余人”。匈奴在今辽宁、河北和山西北部的漫长战线上，发起了频繁密集的进攻。

汉朝不再把丝绸和粮食送给匈奴以求退兵，当然也绝不会轻饶这些入侵者。在汉朝军事舞台上，即将有一位英雄精彩亮相，他就是卫青，汉朝反击匈奴的战争成就了这位伟大将军的壮举。

卫青，字仲卿，河东郡平阳县（今山西临汾）人，出身奴隶，而且是个私生子。卫青的母亲在平阳公主的夫家做女仆，因丈夫姓卫，被称为卫媪。

卫媪与卫姓男子生有一男三女：长子卫长君，长女卫君孺、次女卫少儿、三女卫子夫。丈夫死后，她仍在平阳侯家中帮佣，与同在平阳侯家中做事的县吏郑季私通，生了卫青。卫家生活艰苦，于是卫青被送到了生父郑季家中抚养。郑季让这个年幼的私生子放羊，郑家的几个儿子都把卫青当成奴仆使唤。

卫青像

卫青不愿受郑家的欺负，

终于回到母亲身边，有一天，卫青跟随别人来到甘泉宫，一位披枷带锁的囚徒看到他，诧异地说："你是贵人啊！当官至封侯。"卫青压抑着自卑的心情，苦笑道："我乃人奴之子，只要不挨打受骂就满足了，哪有封侯的好运？"

后来，卫青做了平阳公主的骑奴——骑马随从的奴仆，但这也不是什么好运。建元二年（前 139）春，汉武帝去灞上扫墓，做客平阳府，看中了卫青的三姐卫子夫并召入宫中，卫青便跟着姐姐入宫，在建章宫干杂活。建元三年（前 138），卫子夫有了身孕，这令无子的皇后陈阿娇十分嫉妒，阿娇是汉武帝姑姑馆陶长公主刘嫖的女儿，汉武帝为太子时立为妃，后立为皇后，但一直无子。出于嫉恨，馆陶公主派人把卫青捉去，要杀掉他。卫青的好友公孙敖听到消息，带领一帮兄弟把他救了出来。

大难不死，必有后福。这件事成为卫青一家人命运的转机。

汉武帝得知此事后，大为恼怒，为了给馆陶公主一点儿颜色看，他立刻纳卫子夫为夫人，任命卫长君为侍中，卫青为建章监（建章宫羽林军统领）、侍中，数日间给卫青的赏赐便达到千金之多。卫青为侍中后，便常在武帝身边侍奉。卫青的朋友公孙敖也因此而显贵。后来，卫青的大姐卫君孺嫁给了太仆公孙贺，二姐卫少儿嫁给了陈平的后人、詹事陈掌。

元光六年（前 129），卫青被封为车骑将军，首次出征龙城。这是马邑军事行动后的第五年秋天，匈奴进犯上谷郡（今河北怀来），汉武帝决心报复匈奴。汉朝派卫青等四位将军各率 1 万骑兵，在关市附近攻击匈奴。关市，关下所设的市，就是设在边境关口，内地与边疆民族、外国商人进行贸易的市场。在靠近关市的地方，往往会有匈奴人的临时聚居点。汉军兵分四路出击匈奴，车骑将军卫青出上谷郡，骑将军公孙敖出代郡，轻车将军公孙贺出云中郡，骁骑将军李广出雁门郡。这四地正是关市所在，此战称为关市下之战。

卫青开始了他传奇般的军旅生涯，这就是人们常说的“从奴隶到将军”。

卫青奇袭龙城，杀死和俘获匈奴700余人；公孙贺空手而归；公孙敖率兵出代郡，被匈奴打败，损失7000余人；李广更惨，不但被匈奴打败，而且被活捉，凭借其敏捷的身手才侥幸逃归。公孙敖和李广因此被下大狱，幸亏朝廷需要钱，交赎金可以赎命，但被贬为庶民。卫青在关市下之战中崭露头角，四路大军中，只有他这一路为汉武帝争了光。武帝大悦，封他为关内侯。

关市下之战是汉朝大规模出击的第一仗，虽然并不顺利，但它标志着对匈奴的大规模反攻开始了。卫青奇袭龙城获胜，在汉匈战争史上具有划时代的意义。龙城的胜利打破了自汉初以来“匈奴不可战胜”的神话，大大鼓舞了汉军士气，成为汉匈战争的转折点。龙城大约在今天内蒙古自治区乌兰察布市南部，具体的位置尚不确定，但龙城是匈奴单于大会部落，祭祖先、天地和鬼神的地方，因此卫青奇袭龙城具有非同寻常的意义。

这年冬天，匈奴屡次闯进汉境抢掠，渔阳郡受害尤其严重，汉朝派将军韩安国驻守防御。第二年秋天，匈奴两万骑兵入侵，杀死了辽西郡太守，掠走2000余人。又侵入渔阳郡，打败渔阳太守1000多人的军队，把将军韩安国围困在城内，幸得燕王救兵赶到，匈奴才悻悻离去。匈奴又侵入雁门郡，杀死和掳走1000余人。

面对匈奴的侵扰，汉朝策划了一次重大的军事行动，即河套之战。

武帝元朔元年（前128），卫青的姐姐卫子夫为武帝生下一子，因此被立为皇后。卫青成了国舅，被任命为车骑将军，率三万骑兵出雁门关，杀死和俘虏匈奴数千人。第二年，李息率兵出代郡，攻击匈奴，卫青又出云中郡西边，直至高阙，扩地至陇西。占领黄河河套南岸地带，赶走匈奴属下的楼烦王和白羊王，杀死和俘虏数千人，获牛羊数十万头。汉朝夺取了黄河河套南岸地区，在这里修筑朔方城，又修缮从前秦朝蒙恬所建关塞，凭借黄河作为坚固的防线。此次战役完全收复了河套地区，解除了匈奴对长安的威胁。这是汉朝反击匈奴夺取辉煌胜利的第一大战役。卫青因功被封为长平侯。他的部下苏建被封为平陵侯，张次公被封为岸头侯。

河套之战意义重大。河套指河流弯曲成大半个圈的河道，也指河道围着的地方。而通常所谓的河套地区，是指今内蒙古和宁夏贺兰山以东、狼山和大青山以南黄河流经地区，因黄河在此形成一个几字形大弯曲，故称河套。秦、汉时称这一带为河南地，明朝始称河套。河套是古代漠南军事要地，北通塞外，南临关中，西邻甘凉（今甘肃张掖、武威地区），东连幽燕（今河北一带），为古都长安的北方藩篱。汉初，匈奴骑兵屡次从这里渡过黄河，侵扰汉境，直接威胁西汉首都长安。长安之北有甘泉宫，位于淳化北 25 公里之甘泉山，离长安 300 里。但几十年来，汉朝的皇帝都没有到过这座离宫，因为匈奴占领河套之地后，他们倏忽而来的骑兵对甘泉宫构成了极大的威胁。

卫青出云中郡，击败匈奴的楼烦、白羊二王，占领河套，解除了这一威胁，但要巩固此成果，非在这里筑城防守不可。主父偃上疏，建议在河套筑城、屯田、养马，作为防御和进攻匈奴的基地。汉武帝接受了这一建议，当年即置朔方郡（今内蒙古杭锦旗）和五原郡（今内蒙古五原），又下诏募民屯边。夺取河套之地后，武帝扩建了甘泉宫，每年阴历五月便移驾到此避暑，八月再回长安。不过，要说高枕无忧，还为时过早。

汉武帝元朔三年（前 126），匈奴军臣单于逝世。他的弟弟左谷蠡王伊稚斜自立为单于，击败了军臣单于的太子于单。于单投奔汉朝，汉朝封于单为涉安侯，但几个月后他就去世了。当年夏天，匈奴数万骑兵攻入代郡，杀死太守恭友，掠走1000余人。这年秋天，匈奴又攻入雁门郡，杀死和掠走1000余人。第二年，匈奴又分别派遣3万骑兵，攻入代郡、定襄郡、上郡，杀死和抢走数千人。匈奴右贤王怨恨汉朝夺走河套之地，屡次到边境抢掠，甚至攻入河套南岸，侵扰朔方城，杀死和抢掠了很多官吏和平民。

元朔五年（前124）春天，汉朝任命卫青为车骑将军，大举进攻匈奴。卫青统领六位将军、十余万大军，从朔方、高阙出塞，准备攻击匈奴。高阙是古代的重要关隘，位于今内蒙古自治区乌拉特后旗呼和温都尔镇那仁乌博尔嘎查北的阴山达巴图沟口，两山夹峙，状如门阙，故而得名高阙，据说这里是战国时赵武灵王所筑长城之终点。出塞作战，这是汉朝从未有过的军事行动。

匈奴右贤王是个酒鬼，他的大帐离高阙尚有六七百里，想不到汉军会远出塞外作战。他仓皇逃脱，数百精锐骑兵紧跟着急驰而去。汉朝俘虏右贤王属下男女1.5万多人，裨小王10余人。

卫青率军胜利班师，回到塞上。汉武帝派人携大将军印来到卫青大营，拜卫青为大将军。从卫青开始，汉代大将军一职多由贵戚担任，不仅掌握兵权，而且掌握政权，位高权重，甚至凌驾于丞相之上。汉武帝改置大司马大将军领兵征战，无征战时便成为事实上的执政大臣。武帝死时，遗命霍光为大司马大将军辅政，后外戚王凤等皆以大司马大将军预闻政事。汉成帝后期，改大司马由加官转为本官，设金印紫绶，去将军之号。汉朝的规矩，一个人的功劳可以转封亲属，卫青三子均因父亲的功劳而封侯，但卫青固辞不受。

这年秋天，匈奴一万骑兵攻入代郡，杀死代郡都尉朱英，抢掠1000余人。

元朔六年（前123）春天，汉朝又派大将军卫青率领六将军和十余万骑兵，二出定襄数百里，攻击匈奴，前后杀死和俘获1.9万余人，而汉朝也损失了两位将军和他们统领的 3000 多骑兵。右将军苏建得以只身脱逃，前将军翕侯赵信出军不利，投降匈奴。赵信本是匈奴的小王，投降汉朝，汉朝封他为翕侯。前将军与右将军两军合并，而与大队兵马分路行进，孤军遇上单于大军，全军覆没。单于俘获了赵信，封他为自次王，并将姐姐嫁给他做妻子，与他商量如何对付汉朝。赵信教单于向北迁移，越过沙漠，以此引诱汉军，以逸待劳，而不必到汉朝边塞那里与汉军直接交战，单于听从了他的计谋。但匈奴退至漠北后，就只能发动游击，时不时地骚扰汉朝北方边地。例如，第二年，匈奴一万骑兵攻入上谷郡，杀死数百人。

这就形成了拉锯战，但战争的形势已经扭转，双方的强弱在转化，主动权逐渐掌握在汉朝手中。接下来的第二和第三次大战役重创匈奴，彻底扭转了 60 多年来汉匈之间的强弱形势。第二次战役发生在元狩二年（前 121），汉武帝派骠骑将军霍去病率骑兵数万，两次从陇西出击，夺取河西走廊。第三次也是最大的一次战役，发生在元狩四年（前 119），汉武帝派遣大将军卫青、骠骑将军霍去病率领骑兵 24 万人，步兵 10 余万人，分兵两路出击，北越大漠，大败匈奴。但匈奴不甘心失败，汉武帝也不能高枕无忧，汉朝战胜匈奴任重道远。

二 「帝国双璧」之霍去病

自汉与匈奴开战以来，战事大都发生在今辽宁、河北北部、山西北部、内蒙古和陕北一带。

汉军两次大规模出塞作战，匈奴损失惨重，退居漠北，不敢向南侵扰，只好向西域发展，汉朝则把战略重心转移到河西，要从匈奴手中夺取河西走廊。河西走廊指甘肃省西北部狭长高平地，东起乌鞘岭，西至玉门关，东西长约1200 公里，宽数公里至近百公里，为西北—东南走向的狭长平地，形如走廊，因位于黄河以西，称河西走廊，自古为沟通西域要道，著名的阳关、玉门关位于走廊西端。

为夺取河西走廊，汉朝发动了两次战役，分别发生在元狩二年（前 121）的春天和夏天。汉军统帅是与卫青并称为“帝国双璧”的霍去病。

霍去病，河东郡平阳县（今山西临汾西南）人，名将卫青的外甥，卫青二姐卫少儿的儿子。霍去病受汉武帝宠爱，任侍中，常在御前侍奉，元朔六年（前 123）被武帝任命为骠姚校尉，随卫青击匈奴于漠南，以 800 骑兵单独作战，歼敌 2028 人，俘获匈奴的相国和当户，杀死匈奴单于祖父辈分的籍若侯产，活捉单于叔父罗姑比，而自己全军而归，可谓战果辉煌。因勇冠三军，受封冠军侯。由此，在卫青之外，汉武帝发现了一颗新的将星。

霍去病像

进军河西——一个艰巨而光荣的使命落到这个年轻军人的身上。霍去病任大司马骠骑

霍去病墓

将军，成为此役的主帅。骠骑即飞骑，是形容词，形容霍去病精骑的骁勇迅疾。霍将军当年 20 岁，好骑射，善于长途奔袭。霍去病多次率军与匈奴交战，匈奴被汉军杀得节节败退，霍去病也留下了“封狼居胥”的佳话。

元狩二年（前 121）春，霍去病率一万骑兵出陇西，越过焉支山 1000 余里，杀匈奴折兰王、卢胡王，活捉浑邪王王子、相国、都尉，斩杀和俘虏匈奴 8000 余人，打败休屠王，缴获匈奴的祭天金人。匈奴人的天坛（祭天之所）本在云阳县甘泉山下，秦朝时夺取其地，匈奴就移天坛至休屠王右地。未料到汉军来势汹汹，匈奴一败再败，连祭天金人都成为霍去病的战利品。

这年夏天，霍去病又同合骑侯公孙敖率数万骑兵再出陇西、北地 2000 余里，分道进击。同时，博望侯张骞、郎中令李广率军分路从右北平出塞。李广率4000名骑兵在前，被数万匈奴骑兵包围，死者过半。张骞大军赶到，匈奴才解围而去。霍去病一路经过居延城（今内蒙古额济纳旗东南），进入祁连山，杀死和俘虏匈奴3万余人，匈奴酋涂王率众2500人投降，俘获匈奴王5人，王母5人，单于阏氏、王子59人，相国、将军、当户、都尉63人。霍去病的部队损失仅十分之三。春、夏两季攻势，歼灭占据河西地区的匈奴4万余人。至此汉朝占领全部河西走廊及祁连、焉支山脉。

祁连山脉位于今青海省东北部与甘肃省西部边境，由多条西北、东南走向的平行山脉和宽谷组成。祁连山区的水系呈辐射状，以哈拉湖一带为中心，向四周辐射，在山前形成大绿洲，是游牧人的天堂。焉支山在今甘肃山丹县城东南40公里，重峦叠嶂，森林密布，这里出产胭脂，是妇女化妆的极佳颜料，当地的女子因此打扮得美艳无比。失去祁连山和焉支山的匈奴，悲歌表达其痛苦心情：

> 失我祁连山，使我六畜不蕃息；
> 失我焉支山，使我嫁妇无颜色。

河西战役是汉朝反击匈奴以来的第二次重大战役。霍去病两次鏖战河西走廊，将匈奴势力驱赶出去，咽喉之道得以畅通无阻。这年秋天，霍去病在河西受降，被封为万户侯。作为报复，匈奴侵入代郡、雁门郡，杀死和抢走数百人。

河西战役后，匈奴内部因战败而产生矛盾，形势进一步向有利于汉朝的方向发展。事情起因是，驻守西方的浑邪王因多次被汉朝所败，丧失数万人，单于震怒，召见浑邪王，想杀他。浑邪王与休屠王密谋降汉。匈奴浑邪部原本是战国时代的义渠人，大约在秦末汉初，被匈奴征服，才成为匈奴属下的浑邪部。休屠部本来也不属匈奴本族，与匈奴信仰不同。他们不是河西的原始居民，是从西域迁到这里的，其族源不甚清楚，是被匈奴征服而成为匈奴休屠部。这样的历史背景使得此两族容易和匈奴离心离德。

浑邪王派人与汉朝联系，汉朝恐其有诈，派骠骑将军霍去病统兵前去接应。休屠王临事反悔，浑邪王杀了休屠王，合并其军队，领军投降。霍去病奉命迎接率众降汉的浑邪王，此时又有浑邪王部下的小王临时变卦想逃走，导致众将溃乱。霍去病率部驰入匈奴军中，斩杀变乱者，稳定了局势，浑邪王得以率四万余众归汉。浑邪王到长安，被封为万户侯。接受浑邪王投降之后，陇西、北地、河西遭受匈奴侵扰的事越来越少，从此，汉朝控制了河西地区，打通了西域道路。汉朝又把关东的贫民迁移到河套南岸和新秦中地区，充实当地人口，并将北地郡以西的戍卒减少一半。浑邪王数万部众被安置在陇西、北地、上郡、朔方、云中等五郡，称为"五属国"。汉朝又在河西走廊先后设置武威、张掖、酒泉、敦煌四郡，历史上称"河西四郡"，史载"金城、河西，并南山至盐泽，空无匈奴"。为了经营西域，汉朝又修建长城至敦煌以西，筑造关隘。1904 年，英国人斯坦因在河西走廊考古，发现汉长城遗址。

元狩四年（前119），汉武帝又发起了规模空前的漠北大战。所谓漠北，字面的意思指瀚海沙漠的北部，此指狭义的塞北之北，即蒙古大沙漠以北的地区，文献上有时写作“幕北”，南以戈壁为界，东大致到克鲁伦河，西至杭爱山、阿尔泰山一线。此战起因于匈奴虽然连遭失败，退居漠北，仍不断南下骚扰。为了彻底击溃匈奴，汉朝决心深入漠北反击匈奴。武帝认为：“翕侯赵信投降匈奴，向单于献计，居住到大沙漠以北去，以为汉朝军队不能到达。我们直捣漠北，正好可以打他个出其不意。”汉军以最好的饲料喂养马匹，以最好的材料铸造兵器，出动10万骑兵，再加上后勤人员，总共有14万人北进。

为了夺取这次战役的胜利，汉朝使出了帝国最强力的两只拳头——被称为“帝国双璧”的大将军卫青和骠骑将军霍去病。卫青和霍去病各率骑兵5万，大将军率兵从定襄出塞，骠骑将军率兵从代郡出塞，深入漠北，寻歼匈奴主力。伊稚斜单于听到这一消息，听从赵信的建议，把辎重送往远处，率精兵守候在漠北。他想以逸待劳，一举击溃汉军。

卫青的部队出塞1000余里，与伊稚斜单于匈奴军遭遇。伊稚斜严阵以待，卫青命汉军以武刚车自环为营，出5000骑兵挑战。匈奴出近万名骑兵迎战。交战一天，直打到日暮时分，刮起了大风，沙砾击面，双方都看不清对方的面目，卫青指挥汉军从左右两翼包抄单于军队。眼看汉军越来越多，越战越勇，伊稚斜单于料定不能取胜，趁夜幕没有降临，率数百名精锐骑兵冲破汉军包围，向西北逃去。卫青指挥轻骑连夜追赶，但伊稚斜单于逃脱。汉军追杀活捉匈奴一万多人，直至阗颜山赵信城，在这里用匈奴的粮草犒劳将士，烧毁赵信城，胜利班师。

汉武帝对年轻的霍去病非常信任，在战前的策划中，安排了霍去病打匈奴单于，但由于情报错误，这个对局变成了卫青。而霍去病从代郡北进 2000 余里，越过离侯山，渡过弓闾河（今蒙古国克鲁伦河），虽没能遇上匈奴单于，但碰上了匈奴左贤王部。左贤王战败逃跑。霍去病以 1.5 万人的损失，歼敌 7 万多人，俘虏匈奴屯头王、韩王等 3 人及将军、相国、当户、都尉等 83 人，战功超过大将军卫青。

可能是太渴望遇上匈奴单于，霍去病一路追杀，直打到狼居胥山（今蒙古国肯特山），在这里暂作停顿，举行祭天封禅典礼，又于姑衍山举行祭地封禅典礼。封狼居胥之后，霍去病继续进军，深入大漠，追击匈奴，一直打到瀚海（今俄罗斯贝加尔湖），方才回兵。“封狼居胥”从此成为中国历代将帅的最高追求、终生奋斗的梦想。汉武帝封霍去病 5800 户。这一年，霍去病 23 岁。大将军卫青没有加封，部下也无人封侯。

这场大战是霍去病军事生涯的巅峰之作。霍去病因功授大司马骠骑大将军，地位与卫青相当，威望甚至超过了卫青，许多卫青部将纷纷转投霍去病部下。霍去病是一位军事天才，他擅长骑兵突击，长途奔袭，用兵灵活，注重方略，不拘古法，勇猛果断，每战皆胜，又淡泊名利。汉武帝下令给他建造府第，但霍去病却拒绝了。他说：“匈奴未灭，何以家为？”这句名言世世代代激励着后人。

马踏匈奴石雕

元狩六年（前 117），霍去病去世，年仅 24 岁。汉武帝十分痛惜，在自己陵墓茂陵旁边特意为他修建了一座状如祁连山的坟墓，用以表彰他抗击匈奴的卓著功绩。

漠北决战是汉朝反击匈奴的第三次大战役。经此一役，匈奴远遁漠北，大漠以南不再有匈奴的王庭。匈奴实力大损，从此无力大举南下。汉军渡过黄河，从朔方郡向西直到令居县（治所在今甘肃永登西北），修通沟渠，开垦田地，驻扎官吏士卒五六万人，并逐渐开发北方土地，地界接近匈奴旧地以北，由此也便利了汉与西域的交通。

四 没有诚意的外交

卫青和霍去病漠北作战，虽然杀死和俘虏匈奴八九万人，但汉军也战死好几万人，战马丧失十多万匹。匈奴被打得筋疲力尽，只能远遁，汉军因为战马大量减少，也无力追击。

匈奴不敢与汉朝进行军事上的直接对抗，伊稚斜单于便采纳赵信的计谋，向汉朝派遣使节，请求和亲。于是，双方都缺乏诚意的外交活动开始了。

汉武帝举行廷议，把是否和亲这个难题交给臣下商议，有人说和亲有利，有人说应该乘胜追击，迫使匈奴臣服。丞相长史任敞说："匈奴刚刚遭受失败，处境困难，应当趁机让他们做外臣，每年春秋两季到边境上来朝拜汉天子。"这是一个翻天覆地的变局，不是汉朝嫁公主和亲，而是让单于臣服汉朝。这个建议正中汉武帝下怀。

于是，汉朝派任敞出使匈奴，见伊稚斜单于。伊稚斜单于听了任敞的计划，大怒，把他扣留在匈奴。因为在此之前，汉朝招降过匈奴使节，匈奴单于也扣留过汉朝使者相抵偿。外交失和，汉匈间互相扣留对方的使节，成为惯例。

既然让匈奴单于称臣不可能，汉朝便重新整顿士卒兵马，准备再次重击匈奴。由于骠骑将军霍去病病逝，北攻匈奴的计划被搁置。

汉武帝元鼎三年（前 114），匈奴方面，伊稚斜单于在位 13 年后去世，他的儿子乌维继位为单于。汉朝方面，汉武帝开始出京巡视郡县。此后，汉朝又忙于征服南越和东越，没有进攻匈奴，匈奴遭受先前的打击，创伤未复，也无力入侵。汉匈之间进入短期的相持阶段。

乌维单于继位三年时，汉已灭亡南越，又腾出手来对付匈奴。汉武帝派原太仆公孙贺率1.5万名骑兵从九原郡出塞2000余里，到达浮苴井（匈奴地名，今内蒙古达尔罕茂明安旗），没看到匈奴人的影子。又派原从骠侯赵破奴率1万多名骑兵从令居出塞数千里，到达匈河水(即匈奴河，今蒙古国拜达里格河)，也没看到一个匈奴人。

汉武帝巡视边境，到达朔方郡，统率18万骑兵以显扬军威。他觉得匈奴一定被汉朝打怕了，便派郭吉赴匈奴，劝乌维单于投降。虽然匈奴初露怯心，但还没有怕到投降的地步。

郭吉到了匈奴，匈奴主客官询问他这次来的使命，郭吉说："我要见到单于，亲口对他说。"乌维单于接见了郭吉，郭吉企图以三寸不烂之舌说服乌维单于，他说："南越王的人头已经悬挂在汉朝京城北阙之上。如果单于有能耐与汉军交战，汉天子将亲自领兵在边境上等待你；要是无力交战，就应当向汉朝称臣，不必躲藏在大漠以北又冷又缺水少草的地方。"乌维单于勃然大怒，下令杀死引见郭吉的主客官，扣留郭吉，把他发配到北海去。北海就是贝加尔湖，后来苏武亦在此牧羊。

乌维单于毕竟畏惧汉军声威，不敢再到边境去侵扰掠夺，只是休养士卒和战马，练习骑射之术，又屡次派使者到汉朝，低声下气，请求和亲，但他真正的目的是窥探汉朝的动静。汉朝也派王乌等人去窥探匈奴的情况。

匈奴法律规定，汉朝使节只有放弃旄节，用墨黥面，才能进入单于毡帐。王乌是北地人，熟悉匈奴风俗，就依匈奴人的规矩进入毡帐。乌维单于由此很喜欢，许诺派太子到汉朝做人质，同汉朝和亲。派太子做人质就是投降，这是过去从没有过的事，汉朝半信半疑，又派杨信再出使匈奴，商议此事。

这一年，赵信死了，乌维单于失去了重要的谋士。汉朝的大臣们以为匈奴已经衰弱，可以把他们降为属臣。杨信亦持此种观点，加上他为人刚直倔强，又不是汉朝的尊贵大臣，乌维单于便不愿亲近他。乌维单于想召他到毡帐里，他又不肯放弃旄节，用墨黥面，乌维单于只能坐在毡帐外面接见他。杨信说："单于答应派太子到汉朝做人质，和汉朝恢复和亲，是非常好的主意。若想和亲，就请把太子送到汉朝去。"

乌维单于说："原先曾这样设想过，但这不是以前的盟约。从前的盟约规定，汉朝要嫁公主来匈奴，陪送丝绸和食物，同匈奴和亲，匈奴不骚扰汉朝边境。现在竟然违反古时的盟约，让我的太子去当人质，这样就别指望和亲了。"

乌维单于态度大变有一个原因：匈奴跟汉朝打交道形成了一个习惯，如果汉朝使者不是宫中受宠的宦官，而是儒生，就认为他是来游说的，便想法驳倒他的说辞；如果是年轻人，就认为他是来责备匈奴的，便设法挫败他的气势。每次汉朝使者来到匈奴，匈奴总要给予报复。如果汉朝扣留匈奴使者，匈奴也扣留汉朝使者，一定要使双方扣留的人数相等才肯停止。在匈奴人眼中，杨信正属于儒生一类，因此，他的纳质和亲说辞便被驳回。

乌维单于出尔反尔，杨信未完成使命，只好回到汉朝复命。汉朝以为杨信不擅外交，又派王乌出使匈奴。乌维单于见到王乌，又用好话谄媚他，目的是想多得到些汉朝的财物。乌维单于诳骗王乌，说："我想去汉朝，拜见汉天子，缔结盟约，结为兄弟。"王乌信以为真，兴冲冲地回朝做了汇报，汉朝就为乌维单于在长安修筑了官邸，但乌维单于说："不见到汉朝尊贵之人充当的使节，我是不同他说实话的。"

匈奴曾派贵官出使汉朝，此人在汉朝得了病，汉朝虽竭尽全力，想治好他的病，可是他不幸死去。为了消除匈奴使节死亡给双方造成的误会，汉朝派路充国佩带二千石的印信出使匈奴，顺便护送匈奴贵官的丧仪队伍，为匈奴死者遗属送去价值数千金的丰厚费用，供葬礼之用。

乌维单于认为汉朝杀死了匈奴贵官，就扣留路充国以作抵偿，又屡次派兵侵犯汉朝边境。汉朝只好任命郭昌做拔胡将军，同浞野侯赵破奴驻防朔方郡以东，防御匈奴。

路充国被扣留在匈奴三年。元封六年（前105），乌维单于在位十年后死去，他的儿子乌师庐继位。乌师庐年龄小，被称为儿单于。从此以后，匈奴越发向西北迁移。儿单于继位后，汉朝派遣两位使者，一位向单于吊唁，一位向右贤王吊唁，想以此离间他们的君臣关系，造成匈奴混乱。但右贤王却未中计，而是把使节全部送到儿单于那里。儿单于发怒，将其全部扣留。至此，汉朝使节被扣留在匈奴的前后共有十多批，当然，匈奴使节来到汉朝，汉朝也扣留相等数量的匈奴使节作为报复，这种局面对张骞通西域后汉朝对西域的出使活动造成极大阻碍。

五 张骞凿通西域

张骞（约前 167—前 114），汉中郡成固县人，他一生两次出使西域，是历史上开拓中西交通的伟大人物。第一次出使大月氏，在建元三年（前 138）。张骞一行一百多人出陇西赴大月氏，经过匈奴控制的河西地区，为匈奴所获。张骞被送往单于庭，军臣单于亲自审问了这一行汉人。

军臣单于不允许汉使过境，他说："月氏在吾北，汉何以得往使！吾欲使越，汉肯听我乎？" 月氏在什么地方，军臣单于应该知道，明明在今葱岭之西的阿富汗，他却说"在吾北"，明显是在欺骗汉使。张骞滞留匈奴十余岁，被迫娶妻生子，但他始终未忘自己的使命，"持汉节不失"。汉节，那是大汉使节的证明，如生命一样宝贵。后来张骞与手下人伺机脱逃，数十日至大宛国。大宛国在锡尔河中下游的费尔干纳盆地，位于葱岭西北。

这说明张骞并没有被军臣单于蒙骗，他知道月氏在西方。张骞告诉大宛国王，汉朝有的是黄金、丝绸，只要帮

陕西省城固县张骞塑像

助汉使通过，便会得到丰厚的报偿。大宛国王派出翻译和向导，带张骞一行经康居国，抵达大月氏。康居本土在大宛西北，大月氏在大宛东南，往大月氏不经过康居本土，张骞所经应为位于锡尔河和阿姆河之间的索格底亚那地区，为康居属地。

当年，月氏被匈奴击败后，种族分散，大部分被迫逃至今伊犁河、楚河流域，称为大月氏。大月氏打败了居于该地的塞族人，迫使"塞王远遁"，塞族残余部众成为月氏人的臣仆。原已移驻天山北麓并服属匈奴的乌孙，在其王昆弥的统领下，与匈奴联兵，"西攻破大月氏"，迫使大月氏像塞族一样离开伊犁河流域向西南迁徙，乌孙人从此成为这一带的主人。

大月氏向西南迁徙，过大宛西，越锡尔河到达河中地区，"遂都妫水北，为王庭"，妫水即今阿姆河。又经过大约二十年，大月氏人再次越过阿姆河，征服大夏国，并以大夏的巴克特拉城为都，汉文典籍中写作监氏城，或蓝氏城，在今阿富汗北部巴尔赫附近。

大夏，地在兴都库什山与阿姆河上游之间，本为波斯帝国一行省，后被希腊人征服，隶属于亚历山大帝国及塞琉古王国，公元前3世纪中叶独立建国，西方文献称巴克特里亚（Bactria），定都巴克特拉。公元前140年左右，塞族人自锡尔河南下，灭巴克特里亚，建立大夏。大夏国居民人口达100多万人，以务农为生，亦善经商，但兵力薄弱，战斗力低下。约公元前139至前129年，伊犁河、楚河流域的大月氏人西迁，大夏遂臣服于大月氏。于公元前128年左右，张骞历经千辛万苦，终于来到了目的地——大月氏。

张骞向大月氏王表示，汉朝愿意助其报杀父之仇，并许诺击败匈奴后，让大月氏人重返河西故地。但此时的大月氏已经过上定居生活，其社会生产由游牧转为农耕，贪图安逸，不愿打仗，而且年深日久，报仇的观念已经淡薄，"居地肥饶，少寇，志安乐。又自以远汉，殊无报胡之心”。大月氏人不想加入反匈同盟。

张骞在大月氏活动了一年多后返回。他沿着南山（今昆仑山）北麓前进，想经羌人与匈奴交界地区回国，不料又被匈奴俘获。在匈奴滞留一年多，军臣单于死，其弟伊稚斜篡位，匈奴内乱，张骞乘机逃出，与胡妻及堂邑父一起回到长安。张骞被授予太中大夫，堂邑父被授予奉使君。

张骞向汉武帝详细汇报了自己的出使活动和西域的情况，他的报告为汉朝打开了一片陌生又新奇的世界，报告内容被司马迁写入《史记》，即《大宛列传》的前半部分。

在中国古代文献中，“西域”一词有广义和狭义之分。广义的西域指中国以西的中亚、西亚、南亚和欧洲、北非广大地区。狭义的西域大致指今新疆一带和葱岭东西。“西域”的范围，《汉书·西域传》所指十分明确：

> 西域以孝武帝始通，本三十六国，其后稍分至五十余。皆在匈奴之西，乌孙之南。南北有大山，中央有河。东西六千余里，南北千余里，东则接汉，扼以玉门、阳关，西则限以葱岭。

“三十六国”乃张骞出使西域时所知之数，后经兼并离合，至班固生活的东汉初为“五十余”，见于记录的有五十三国，其中葱岭以东者四十八国，后来范晔《后汉书》又增七国。“南北有大山”，指北有阿尔泰山和天山，南有昆仑山。其间为塔里木盆地，盆地中有塔克拉玛干大沙漠，东西 900 公里左右，南北 300 多公里。沙漠上有狭小绿洲，因发源于天山、昆仑山上的河流灌注其间，可以居住，从而形成若干城邦国家。盆地东面有罗布泊，史书称其为“盐泽”、“坳泽”，又名“蒲昌海”、“牢兰海”，或译蒙古音为“罗布诺尔”、“罗布淖尔”，“诺尔”或“淖尔”意为海。

西域交通路线和主要国家，据《汉书·西域传》记载：

> 自玉门、阳关出西域，有两道：从鄯善傍南山北，波河西行，至莎车，为南道。南道西逾葱岭，则出大月氏、安息。自车师前王庭随北山，波河西行，至疏勒为北道，北道西逾葱岭，则出大宛、康居、奄蔡、焉耆。

西汉时西域诸国，“各有君长，兵众分弱，无所统一”。这些国家的人口多的有几万人，少的只有几千人。在天山以南和昆仑山以北的塔里木盆地，分为南道诸国和北道诸国。两道可与疏勒（今新疆喀什）会合，亦可分别西行越过葱岭至中亚。

西域诸国以农业为主，兼营畜牧。大约在公元前176年以后，北道诸国皆臣服于匈奴，南道诸国亦受其控制。从敦煌往西北方向，经伊吾（今新疆哈密）、车师后王国（今新疆吉木萨尔一带），至天山以北、阿尔泰山以南的准噶尔盆地，自东向西有蒲类、且弥、乌孙等国，这里水草丰美，人们多半从事游牧业，乃欧亚草原路的东端。

西域诸国的居民，属于不同的民族，有氐、羌、塞、月氏、匈奴和少数汉族人。根据语言、人体头盖骨测验、考古发掘出土的绘画、雕刻艺术作品的研究，可以推测，塔里木居民有操印欧语之雅利安人，塞族就是印欧语系雅利安人。汉代西域居民语言主要有三种：其一为吐火罗语，属印欧语系之西方系统，流行于以龟兹、焉耆为中心的地区，又分龟兹和焉耆两种方言；其二为粟特语，属印欧语系伊朗语系，粟特即今中亚撒马尔干之古地名，粟特语流行地区最广；其三为于阗塞语，以于阗为中心，粟特语、于阗塞语皆属印欧语系之东方系统，而于阗塞语为东方系统之特色更为明显，几乎与伊朗波斯语完全相同。

雅利安人是欧洲文献对印欧语系族人的统称，从印度与波斯古文献比较研究可推知，中亚一带在远古时曾有一个名叫“雅利阿”（Arya）的部落集团，事畜牧，擅骑射，崇拜多神。公元前 2000 年至公元前 1000 年，该部落的一支南下定居印度河上游流域，一支向西南进入古波斯，还有一支迁入小亚细亚。印欧语系雅利安人何时进入我国新疆地区，尚难断言，但据考古可知，公元前 2000 年左右，雅利安人已到达新疆孔雀河流域至哈密盆地一线。

西域国家，还有西逾葱岭的大宛、大月氏、乌孙、康居、安息、条支、身毒、奄蔡等。

大宛乃中亚希腊化国家之一，为亚历山大东征后所建，西域人称希腊为 Vavan。大宛，意为大希腊，在今中亚费尔干纳盆地。王治在

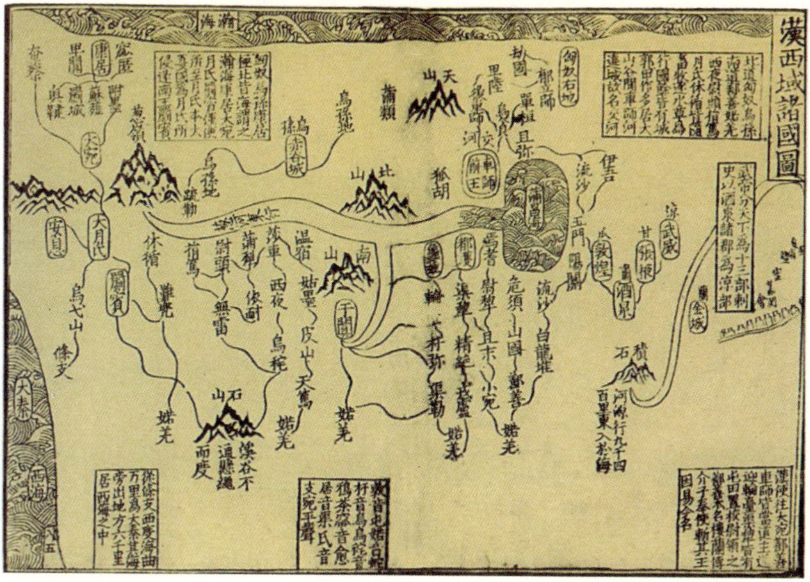

《汉西域诸国图》

贵山城（今乌兹别克斯坦卡散赛），属邑大小七十余城。居民从事农牧业，盛产葡萄、苜蓿，以汗血马著称，商业也很发达。

大月氏本是外来户，征服大夏，鸠占鹊巢，反客为主。《汉书·西域传》记，“大夏本无君长，城邑往往置小长，民弱畏战”，所以大月氏人迁居此地，很容易就征服了大夏。大宛和大月氏都远离匈奴，不受其控制，其中大宛势力较强。

乌孙是西域较大的国家。在塞人与月氏大部南下以后，乌孙迁至伊犁河流域，与留下来的塞族人、月氏人一道游牧。从此，乌孙日益强大，逐渐摆脱了匈奴的控制。根据考古遗迹可知，从天山以北直至塔尔巴哈台，东自玛纳斯河，西到巴尔喀什湖及塔拉斯河中游的辽阔地区，均为乌孙人的牧地，其政治中心在赤谷城（今吉尔吉斯斯坦伊塞克湖东南）。乌孙人操印欧语系，以畜牧业为主，兼营狩猎，不务农耕。养马业特别繁盛，其马称乌孙马，富人家所养乌孙马可多达四五千匹。

康居在大宛国西北，约在今巴尔喀什湖和咸海之间，东界乌孙，西达奄蔡，南接大月氏。王都有两城，一在越匿城，一在卑阗城，可能一为夏宫，一为冬宫。北部是游牧区，南部是农业区，成为中西交通中绿洲路和草原路连接的枢纽。南部城市较多，有五小王分治。

安息在康居南，西与条支接，即今伊朗一带，“其属小大数百城，地方数千里，最大国也”。

条支，在今伊拉克境内底格里斯河和幼发拉底河之间，由塞琉古王国所建。

身毒，即印度，指南亚地区。张骞出使大月氏回国，告诉武帝，他在大夏见到邛竹杖、蜀布等，大夏人说是通过身毒贩来，由此可以推测从中国西南经印度有可达大夏的道路。武帝派人出使西南，寻找身毒国，由于当地部族的阻拦而未成功。古代印度与现在印度国家不同，指南亚次大陆，包括现在巴基斯坦、印度、孟加拉、尼泊尔等国。

奄蔡为游牧民族国家，地处康居西北，其游牧区西接大秦（罗马帝国）。奄蔡人身材高大，头发淡黄色，操伊朗语。在连接中国与欧洲的欧亚草原上，奄蔡比较重要。奄蔡人原居咸海或里海以北，公元前 2 世纪左右占有里海北岸至顿河间草原，并南徙高加索。因据有里海沿岸，常假手亚美尼亚人、米底人与高加索、小亚细亚、中亚各族贸易，从中获利，极为富庶。

从地理位置和交通上看，西域诸国分“当孔道”和“不当孔道”两类。所谓“当孔道”，即中西交通中必经之国，这是张骞通西域后根据汉使西行之路所得的经验。《史记·大宛列传》记载：“楼兰、姑师小国耳，当空道。”《汉书·西域传》则详记南北两道诸国，并明确区分不当孔道和当孔道之国。按照本传记载，其南道诸国，当孔道之国有鄯善、且末、精绝、扜弥、渠勒、于阗、莎车、皮山、乌秅等国。而若羌“僻在西南，不当孔道”；小宛国“东与若羌接，辟南不当道”；戎卢国“东与小宛、南与若羌、西与渠勒接，辟南不当道”。北道诸国皆为当孔道之国，有疏勒、尉头、乌孙、姑墨、乌垒、温宿、龟兹、渠犁、尉犁、危须、焉耆、乌贪訾离（今新疆呼图壁南）、蒲类（今新疆巴尔坤）、单桓（今新疆乌鲁木齐以北）、车师前后部、捐毒（今新疆喀什以西至吉尔吉斯斯坦和塔吉克斯坦交界地带）等国。

从诸国生产和生活方式上，西域诸国又分为“土著”和“行国”两类。所谓土著，即农耕定居，所谓行国，即游牧流动。大宛、大夏、条支、身毒皆为土著，乌孙、康居、奄蔡、大月氏则是行国。汉朝欲拉拢大月氏和乌孙，共击匈奴，也是从它们皆为行国而考虑的，因为游牧民族可以随时迁徙。张骞向汉武帝建议：“今单于新困于汉，而故浑邪地空无人。蛮夷俗贪汉财物。今诚以此时而厚币赂乌孙，招以益东，居故浑邪之地，与汉结昆弟，其势宜听。听则是断匈奴右臂也。”

张骞向汉武帝分析了西域的形势和汉朝经营西域的意义：“陛下，大宛、安息等国土地辽阔，物产丰饶，人民多为土著，风俗与汉家相似，尤其喜好汉朝财物，而且兵力羸弱，容易征服。这些国家的北面是大月氏、康居这样的强国，他们兵力强盛，但通过赠送礼物、施以恩惠，可以诱使他们前来朝拜。陛下广布恩德，加之武力威服，可以使各国人民安居乐业，汉朝定能扩地万里，令万民归心。”

汉武帝听完张骞的报告后，这个极富进取精神的帝王欲望膨胀——征服四夷，广布威德，万国来朝，这是多么激动人心的宏图大业！

六 汉使皆称博望侯

元朔六年（前129），大受武帝宠信的张骞任校尉，随大将军卫青出击匈奴。校是军事编制单位，就是一个支队；尉是一校之长官，校尉就是支队司令。因为张骞熟悉地理环境而立功，“知水草处，军得以不乏”，被封为博望侯。

元狩二年（前121），张骞为卫尉，与李广分道合击匈奴。张骞因为迟误军期，被夺爵免为庶人。元狩四年（前119），卫青和霍去病兵分两路，进军漠北，匈奴屡遭重创后向西北退却，加紧对西域的控制，妄图依靠阿尔泰山以南西域各国的人力、物力，继续与汉朝对抗，并不时侵扰河西地区。武帝有意争夺西域，数次向张骞询问大夏等国情况。

张骞失侯，欲立功异域，于是建议武帝联络乌孙，招引其返河西故地，既可“断匈奴右臂”，又能招徕葱岭以西的国家为外臣。武帝采纳了张骞的意见，任命他为中郎将，率三百人，每人配两匹马，“多持节副使”，携数万牛羊及价值数千万的金帛，出使乌孙。此为张骞第二次出使西域。

由于汉朝已经控制了河西走廊，张骞很顺利就到达了乌孙。乌孙国本服属匈奴，其大臣都畏惧匈奴，又不知道汉之大小虚实，故不愿远徙。不巧，乌孙国又发生内乱，乌孙昆弥不敢与汉朝签订盟约，建立反击匈奴的军事同盟。

于是，张骞分遣副使往大宛、康居、大月氏、大夏、安息、于阗、扜弥、身毒及诸国，自己则返汉复命。乌孙昆弥派向导、翻译送张骞回国，又遣数十人随张骞出使汉朝，以良马数十匹答谢。元鼎二年（前115），张骞回到长安，被授以大行，列于九卿。大行负责外交事务，九卿是负责各种政务的官员。

张骞于第二年去世，他遣往各国的副使陆续返汉，而且大都有各国的使者随同前来。

张骞两次出使西域，原定的任务都没有完成，但对后来中西交通的开展产生了积极而重大的影响。张骞出使西域，打破了由于匈奴强盛所造成的中原地区与西域的隔绝状态。在张骞通西域之前，西北游牧民族和西域绿洲居民已经开辟了绿洲之间的交通，由匈奴强盛而引发的大月氏、塞族人的西迁，其主要路线正是在绿洲之路上。但是，由于匈奴对西域的控制，阻塞了汉朝与西域的交往，隔绝了中原与西

敦煌壁画张骞出使西域

北各民族的联系。张骞出使西域后，“西北国始通于汉”，从而沟通了西域与汉朝的联系，故《史记·大宛列传》称之为“凿空”之举。

张骞出使西域，促进了以丝绸贸易为代表的中西之间的物质文化交流。张骞第一次出使大月氏，虽然没有达到拉拢大月氏夹击匈奴的目的，但获得不少有关西域各国的知识，了解到西域各国都“利汉财物”，这为此后发展贸易关系打下了基础。张骞第二次出使西域，虽然主要是为了拉拢乌孙，“断匈奴右臂”，但其目的已经不是如此单纯。他随行带大量副使，分别派去大宛、康居、大夏、安息、身毒等国，除了谋求建立反匈联盟之外，招西域诸国以为外臣，发展政治交往和经贸关系也是其重要目的。丝绸，作为大宗外销商品，便是从这时开始大规模输送到西域以及更广大地区的。

张骞及其副使交通西域诸国，将沟通欧亚大陆的中西商道连接起来，开启了此后大规模的国际贸易活动。中西商道最早可溯自公元前5世纪，波斯王大流士为了统治他的庞大帝国，便于调遣军队、传达政令和获取各地情报，大力修筑驿道。除了利用赫梯、亚述原有的驿道外，又增修许多新的驿道，以首都苏萨为中心，形成通向四面八方的驿道网。亚历山大大帝死后，在中亚、西亚立国的塞琉古王国幅员辽阔，城镇林立，商业发达，经济繁荣，修筑和发展了波斯原有的驿道系统，使之成为重要的国际商道。与此相应，秦汉时，在遥远东方的中国也发展起了自己的交通网络。秦始皇统一天下之后，实现了“车同轨”，为了巡行各地，大修驰道。代秦而起的西汉继续发展了交通事业，《汉书·伍被传》记，武帝初“重装富贾，周流天下，道无不通，交易之道行；南越贡献，羌棘贡献，东瓯入朝”。汉代的交通以几个大都市，如长安、洛阳、临淄、邯郸、蓟城、寿春、南阳、番禺等为中心，组成很繁密的交通网，全国各地四通八达。汉时由京师至各郡国，沿着主要的交通大道，都设有驿传和邮亭，以保证交通的高效、通畅和安全。张骞两次出使西域以后，汉朝使节足迹远达中亚和西亚，特别是到达大夏和安息，便把东西两大交通网连接起来，初步形成了贯通东西方的丝路主干道。

张骞及其他汉使在出使途中向西域各国传播了汉朝的信息，返汉后则向朝廷介绍了西域各国的政治状况和风物民俗，从而加深了汉族人民和西域各族人民的相互了解，扩大了汉朝与西域的相互认识。《史记·大宛传》云："大宛之迹，见自张骞。"张骞第一次出使西域，"身所至者大宛、大月氏、大夏、康居，而传闻其旁大国五六，具为天子言之"。汉武帝因此了解到西域各国政治形势风俗物产，还了解到自西南至身毒、大夏当有路可通。

张骞出使西域扩大了反匈联盟，为最后击败匈奴创造了新的条件，汉乌和亲是张骞出使西域的直接成果之一。张骞从乌孙归汉，乌孙使节随张骞来到汉朝，他们了解到汉朝确是一个强大国家。乌孙使节回国后，通告了汉朝的情况，乌孙终于与汉通好。武帝两次以宗室女为公主嫁乌孙王，与乌孙建立了和亲关系，共击匈奴。乌孙一直是汉朝的盟友，在进击匈奴的战争中发挥了重要作用。

张骞及其他汉使向沿途各国赠送了金帛，又带回了西域各国赠送汉朝的礼品，尤其是带回了苜蓿、葡萄等经济型农作物在汉地种植。这些友好交往在汉朝和西域各国之间建立了紧密的经济关系。张骞以平等友好的态度对待西域人民，也赢得了西域人民的好感。《史记·大宛列传》记载："骞为人强力，宽大信

单于和亲瓦当

人，蛮夷爱之。”张骞被封为博望侯，为了取信西域各国人民，汉使皆以“博望侯”之号出使，“其后使者皆称博望侯，以为质于外国。外国由此信之”。

张骞坚韧不拔的精神、热爱祖国的民族气节和勇于开拓的气魄鼓舞了后来者。东汉时为开拓西域、保证丝绸之路畅通做出巨大贡献的班超，早年投笔感叹：“大丈夫无他志略，犹当效张骞、傅介子立功异域，以取封侯，安能久事笔砚间乎！”

第三章

进军西域

随着汉朝在北方形成军事上的优势，匈奴只得加重对西域的控制和掠夺，其战略重心逐渐西移。汉朝要保证丝绸之路的通畅，必须控制西域。由此，两方在西域的较量就不可避免。汉朝一边派赵破奴率军征服楼兰、车师等西域当道之国，一边用和亲手段建立与乌孙的友好关系，从而把势力伸展到西域。

一 鹰击将军赵破奴

赵破奴，原籍太原（今山西太原），少年时曾流落匈奴，后归汉从军，在骠骑大将军霍去病手下任军司马。元狩二年（前121），升为鹰击将军。

鹰击将军赵破奴从霍去病出征匈奴右地（今甘肃西部、祁连山一带），斩匈奴速吸王，俘稽且王、右千骑将及王子、王母等3000余人，被朝廷封为从骠侯。从骠侯者，从骠骑大将军而立功封侯也。元狩四年（前119），霍家军“封狼居胥”，从骠侯赵破奴因跟随骠骑将军进击匈奴有功，增封三百户。此后很长一段时间，汉与匈奴处于相持状态。汉廷痛失霍去病，匈奴也失去了伊稚斜单于，双方都需要一段喘息时间。赵破奴则犯“坐酎金”之罪，被罢免了从骠侯的爵位。

元鼎五年(前112)，西羌起兵十万反汉，攻安故(今甘肃临洮南)，围枹罕(今甘肃永靖西南)。匈奴为配合羌族反汉，进犯五原郡，杀五原太守，又多次袭掠河西地区，遮断西汉通西域道路。汉朝一边命徐自为率10万人平定西羌叛乱，一边命公孙贺、赵破奴出击匈奴。元鼎六年（前111），赵破奴担任匈河将军，率汉军1万余骑从令居（今甘肃永登西北）出塞，北击匈奴，行数千里，至匈河水(即匈奴河，今蒙古国拜达里格河)；公孙贺率1.5万骑兵从九原出塞2000里，至浮沮井，两路人马均未见匈奴踪影，无功而返。漠北之战以后，匈奴远遁，无力渡漠南掠，西汉亦因连续出击，损耗较大，暂停对匈奴的反击。

在无仗可打的情况下，汉武帝任命郭昌为拔胡将军，与赵破奴两人分驻朔方以东，专防匈奴游骑来袭。

由于之前霍去病夺取河西通道，张骞第二次出使西域归来，汉朝与西域各国建立了联系。西域各国都想得到汉朝的丝绸财货，而汉朝也想交换西域的各种物产。但汉朝与西域各国的交通却被匈奴控制。西域诸国之所以臣服匈奴，是因为它们都认为汉朝离它们很远，汉军打不到这里，因此刁难汉使。汉使途经其国，它们不提供饮食，反而制造种种障碍。例如地处西域最东部、靠近中原地区的楼兰、车师两个小国，秉承匈奴的旨意，百般阻挠汉使。

楼兰曾是丝绸之路上显赫一时的国家，其名始见于汉代文献，有年代可据的记载见于《史记·匈奴列传》。汉文帝四年（前 176），冒顿单于在给汉文帝的信中夸耀匈奴武力之盛，云："定楼兰、乌孙、呼揭及其旁二十六国，皆以为匈奴。"楼兰国位于塔里木盆地东端，临近罗布泊，最接近汉朝，是中原政权早期进入塔里木盆地及其以西最近的西域国家，因此，楼兰的向背对汉朝前往西域商使的安全特别重要。但楼兰受匈奴控制，向匈奴交纳贡赋，听其指挥，恶对汉使，令汉朝十分恼火。

车师又称姑师，在今吐鲁番一带，国都交河城。车师南通楼兰，

楼兰古城遗址

西接焉耆，西北经天山北达乌孙，东北与匈奴相邻，扼丝绸之路要冲。汉使西行通常走楼兰道，经楼兰至西域北道，车师正是西域北道的起点。张骞出使西域后，汉与葱岭以西大宛诸国的交往开始频繁起来。在匈奴唆使下，楼兰、车师常常拦截汉使。楼兰、车师人还为匈奴通风报信，密告汉使的动向，让匈奴的骑兵潜伏在附近山中要道，乘机袭击西行的汉朝使节。当时“使者相望于道，一岁中多至十余辈。楼兰、姑师当道苦之，攻劫汉使王恢等，又数为匈奴耳目，令其兵遮汉使”。

为了保证丝路的通畅，汉朝决定进军西域，第一仗便是征讨楼兰、车师。汉武帝元封三年（前 108），汉朝派赵破奴、王恢率军征楼兰、车师。出征的目的一是征服两国，解除丝路上的障碍；二是耀兵西域，震慑西域诸国；三是阻断匈奴骑兵袭击汉使的交通。

元封元年（前 110），朝廷派赵破奴攻楼兰、车师，并遣熟悉西域情况的王恢辅助他。赵破奴率属国骑兵及郡兵数万出征，当时哈密盆地、巴里坤草原皆为匈奴所控制，焉耆盆地诸国因受到乌孙和匈奴的双重影响，都不可能提供进军吐鲁番盆地的通畅大道。当时唯一可能的路线就是翻越库鲁克山的墨山国之路，墨山国是西域小国，在今新疆库尔勒以东库鲁克山山区内。

赵破奴翻越天险，率 700 多名骑兵，以迅雷不及掩耳之势突袭楼兰，楼兰王没有防备，被赵破奴骑兵俘虏。而后赵破奴率大军北进，攻破车师。车师王治交河城，即今新疆吐鲁番西北雅尔湖村西之交河故城。交河故城总面积达 25 平方公里，呈柳叶状，踞于三十多米高两水相夹的黄土悬崖上，其地理位置之险奇令人称叹。《汉书·西域传》记载：“车师前国王，治交河城。河水分流域下，故号交河。”交河故城凌峻险绝，但被赵破奴一举攻破。

赵破奴率 700 多骑兵远程奔袭，正是昔日骠骑将军霍去病的战斗

交河故城遗址

交河故城鸟瞰

作风。汉军胜利班师，赵破奴因功被封为浞野侯，王恢为浩侯。700轻骑破楼兰，成为汉与匈奴战争中的历史佳话，赵破奴因此扬名西域。

赵破奴击破车师之后，雄威震慑西域，西域诸国开始倒向汉朝，汉建置亭障至玉门关，保护丝绸之路的畅通。“楼兰既降服贡献，匈奴闻，发兵击之。于是楼兰遣一子质匈奴，一子质汉。”楼兰这个匈奴的属国开始与匈奴离心离德，过去只向匈奴遣送质子，现在同时向汉朝派遣质子。慑于汉军的兵威，西域的乌孙、大宛等国立马纷纷表示臣服。

元封五年（前 106），大将军卫青去世。次年，匈奴乌维单于死，子乌师庐立，年少，被称为儿单于。儿单于喜怒无常，杀伐无道，左大都尉阴谋叛乱，与汉朝约定起事之后，汉军增援响应。汉廷看机会来临，命公孙敖筑受降城(今内蒙古乌拉特中旗北)以应接。

太初元年（前 104），武帝认为受降城距匈奴太远，又遣赵破奴为浚稽将军，率两万骑兵，从朔方郡出塞，向西北挺进 2000 余里，至浚稽山(今阿尔泰山北阿利山)，接应左大都尉。左大都尉阴谋败露，儿单于迅速平息叛乱，又亲自率军以倾国之兵追击闻讯而退的汉军。汉军且战且退，在受降城北 400 余里处，终被匈奴包围。赵破奴率两万骑兵，扎营做困兽之斗，但他夜里带亲兵出寨觅水，被匈奴巡逻骑兵俘获。按照汉朝军法 :“失主将，斩！”将士们无法夺回赵破奴，又难以突破匈奴大军包围，只好全军投降。

次年，儿单于病死，匈奴立其季父乌维单于弟右贤王呴犁湖为单于。这年秋天，匈奴犯边，攻城未能下，大肆掳掠而归。赵破奴在匈奴十年，终于在天汉元年（前 100），找到机会与其长子赵安国从匈奴中逃归，后因巫蛊案被杀，灭族。

随着中西交通的开展，汉朝得到大宛国更多的信息，大宛国的物产非常吸引汉武帝。大宛用葡萄酿酒，这是过去没有听说过的。那里家家酿制葡萄酒，富人家有的存着上万石的葡萄酒，这种酒保存时间很长，有的存放几十年都不坏，当地百姓都喜欢喝。

更吸引汉武帝的是大宛国多良马，俗称汗血马。为什么叫“汗血马”呢？马史专家认为，汗血马其实就是现在土库曼斯坦的阿哈尔捷金马的祖先。阿哈尔捷金马是世界上最古老的马种之一，至今已有3000多年的驯养历史，是人工饲养历史最长的一个马种，其先祖是生长在偏僻沙漠戈壁地带的野马。据说这种马在平川旷野奔驰1000米，仅需要一分七秒。

从西域回来的使节告诉武帝一个秘密：“大宛国有好马，藏在贰师城，不肯与汉使交换。”汉武帝派壮士车令等人出使大宛国，他们携千金和金马——用纯金铸的一匹马，以交换大宛的汗血马。大宛已经从汉人那里得到不少丝绸器物，对汉使带来的东西不感到稀奇。了解了车令等人的来意后，他们商议说：“汉朝离我们很远，盐泽广阔，船行常遇风波，经常发生溺亡事件。从盐泽以北经过，则有匈奴拦阻；从盐泽以南经过，荒沙漫漫，缺乏水草，茫茫千里，没有人烟，途经此道往往乏食。汉朝使节数百人来，还往往发生乏食之事，饿死者过半。汉朝大军更无法来到，他们奈何我们不得。而且，贰师城的善马，是我们大宛国的宝马，岂有送人之理！”于是他们不肯与汉使交换。风尘仆仆远道而来的车令等人非常恼火，出言不逊，椎破所携金马而去。大宛贵人大怒，说：“汉使太目中无人了！”

他们强制汉使离境，在汉使回国途中，又指示其东部小国郁成国（今乌兹别克斯坦乌兹根城）国王攻杀汉使，夺取他们的财物。

消息传回汉朝，汉武帝大怒。多次出使西域、到过大宛国的姚定汉等人建议汉武帝出兵，教训西域各国。他们都说大宛的军队毫无战斗力，只要派3000汉兵，用强弩射击，就能全歼宛军。汉朝已有赵破奴率700骑兵攻楼兰，俘虏其国王的先例。武帝便听信了姚定汉等人的话，决定远征大宛。派谁去好呢？骠骑大将军霍去病、大将军卫青已去世，这种出征必胜的机会，也不能随便给别人，汉武帝想给李广利。因为李广利是武帝宠姬李夫人的大哥，汉武帝喜欢美人，李夫人正是一位绝世美女。李延年的那首歌就是唱他妹妹的："北方有佳人，绝世而独立。一顾倾人城，再顾倾人国。宁不知倾城与倾国，佳人难再得。"李夫人出身于娼家，即从事音乐歌舞的乐人。李延年因犯法而被处腐刑，当了宦官，在宫中养狗，他善于歌唱，宫中第一，受到武帝喜爱。元封年间的一次酒宴上，李延年献唱此歌。汉武帝听了赞叹说："好歌！但世上真有这样的绝色佳人吗？"平阳公主告诉他，李延年的妹妹就是这样的佳人。

武帝召见李延年的妹妹，果真"妙丽善舞"，即被武帝立为夫人。李夫人为武帝产下一个男孩，就是昌邑王，因此得到汉武帝的格外宠爱。李夫人在宫中的地位超过所有后妃，可惜红颜命薄，年纪轻轻就因病去世。武帝非常伤心，以皇后之礼葬之，并让人画了一幅李夫人的像，挂在甘泉宫，随时睹画，以慰相思。武帝打算把这个立功封侯的机会给李广利，因为这次出征的主要目的是获取贰师城的汗血马，故李广利的称号是"贰师将军"。赵始成担任军正，原先曾被封为浩侯的王恢做先锋导军，另有李哆为校尉。这一年是太初元年，即公元前104年。一直处于上风的汉军，谁也没有想到打一个小小的大宛会那么艰难。

初征大宛

这一年，中原地区发生严重的蝗灾，成群的蝗虫西飞，甚至飞到敦煌。李广利的大军西征，蝗虫伴随着他们的行程。

李广利统率的部队由两部分组成，一是属国兵，二是郡国恶少年。所谓属国兵就是汉朝附属国的兵，像浑邪王降汉后建立的五属国；恶少年应该是社会上的无业游民，流氓无赖，犯了事的，寻衅滋事的，总之是有前科或有不良记录的年轻人。这样的部队，其战斗力可想而知，派这样的乌合之众远征，显然也是轻敌的结果。

贰师将军的部队向西挺进，过了盐泽（今罗布泊），沿途各国都非常惊恐，坚城防守，不肯为汉军供应饮食。贰师将军下令逐个攻打，但都难以攻下。能够攻下的，才能获得饮食；攻不下的，又不敢拖延时日，只好继续前行。部队减员非常严重，及至赶到郁成城，士兵只剩几千人，饥饿疲累，不堪一击。郁成国，是大宛国东部属国，其王城在今乌兹别克斯坦境内，汉军进攻郁成城，郁成城守军顽强抵抗，汉军伤亡惨重。

贰师将军和李哆、赵始成等人商议："连郁成城这样的小城都不能攻克，何况大宛国都城呢？还是撤吧，免得全军覆没。"于是率军回到敦煌。这样一来一往，两年时间就过去了，到敦煌时士兵只剩下不到十分之一。于是，他向朝廷上书："路途遥远，大军经常缺乏吃的东西，士兵们不怕打仗，但害怕饥饿。兵力太少，不足以攻下大宛，望暂且罢兵。征召到更多的士兵，再卷土重来。"看到这道奏疏，武帝大怒，派使者驻守玉门关，下令："军人有敢进入玉门关的，一律处斩！"贰师将军不敢违命，既恐惧，又郁闷，只好在敦煌等待援军。

第一次出师大宛，铩羽而归。汉武帝那道冰冷无情的命令，又把他挡在玉门关外。下一步怎么办？李广利只能在这里苦闷地等待。

再征大宛

这年夏天，浞野侯赵破奴被匈奴生擒，所率两万骑兵投降匈奴。朝廷上公卿大臣都希望撤回进攻大宛的汉军，集中力量进攻匈奴。汉武帝的看法与众不同，他更看重的是这场战争的政治意义和汉朝在西域的威望。他认为，既然已经出兵，却连大宛这样一个小国都不能攻下，大夏那些西域国家就会轻视汉朝，乌孙、轮头那些西域国家会更加困辱汉朝使节，大宛的宝马也不可得，汉朝与西域的交通会更加困难。为了表示伐宛的决心，武帝惩罚了认为不宜征伐大宛的邓光等人，又赦免更多的囚徒，征调材官（地方预备役民兵），征发更多的恶少年和边境骑兵，增援和补充贰师将军的远征军。

鉴于上次轻敌遭受的惨败，这次武帝做了周密的部署。在一年多时间内，从敦煌出征的就有6万人，运送粮食人不计算在内。从全国各地调发10多万头牛，3万多匹马、驴和骆驼，运送大量军粮到前线，兵器弓弩极为充备。奉命进攻大宛的将领共有50多名校尉，悬旌千里，云辎万乘，整个河西走廊都沸腾起来。大宛城中没有水井，需从城外引水入城。城中缺水，便无法长期坚守。朝廷派遣水利工程师从军，打算改变大宛城外河道流向，把大宛城中的地下水全部引走。为了防备匈奴袭扰大军的后路，切断大军的补给线，朝廷又征发大军18万，驻守酒泉、张掖以北，新置居延、休屠两个军事据点，筑城以保卫酒泉，并且作为远征军的后援部队，便于接应。为了保证部队的后勤供应，朝廷还征发犯罪的官吏、逃罪被抓获的囚徒、赘婿、商贾、有市籍者、父母有市籍者、祖父母有市籍者等所谓七种不在征发之列的人，从事粮食转运，供应贰师将军的部队，运输军粮的老百姓和罪犯们连续不断地到达敦煌。武帝还任命两个善于相马的人分别担任执马校尉和驱马校尉，拟在大宛城破之时，挑选大宛城的宝马，带回汉朝。

贰师将军再度出征，这次人多势众，来势汹汹，大军所过之处，西域各国无不震恐，城门大开，隆重迎接，为士卒供给酒食，为牛马调拨草料。轮头小国不识时务，以卵击石，妄图对抗汉朝大军。汉军只花了几天工夫便将其拿下，为了杀一儆百，贰师将军下令屠城，可怜全城人无论老弱全被杀光。这是一个小国，文献上也有称轮台的，在今新疆轮台东南。从轮头一路西进，便再没有受到阻挡，直到大宛城下。大军包围了大宛的都城，先期到达大宛城的汉军就有 3 万。宛军出城迎击汉军，汉军万箭齐发，宛军何曾见过这等阵势，惊惶四散，逃入城中固守。

郁成城就在不远，贰师将军想起上次攻郁成城不下的耻辱，想顺便攻下郁成城，以报仇雪恨，但又担心停留耽搁会让大宛城生出更多的变故，于是放下它不管，先攻大宛城。随行的水利工程师将大宛城外河水的流向改变，切断了大宛城的水源，这令大宛国人忧虑不已，陷于困顿。汉军猛攻了 40 多天，大宛的外城被攻破，大宛贵族勇将煎靡被汉军俘虏，极大地打击了大宛国的士气。

大宛国人逃入中城，达官贵族们非常惊慌，有人提议："汉军之所以远征大宛，是因为宛王毋寡隐藏宝马，又杀害汉朝使节。如果杀掉毋寡，献出宝马，汉军的围攻应该可以解除，即使汉朝军队不解除，再努力战斗而死，为时未晚。"大家都赞同这个提议，于是合力杀掉国王，派人捧着毋寡的头去见贰师将军，提出讲和的条件："汉军停止进攻大宛，大宛献出全部宝马，任凭汉朝挑选，并且给汉军供应军粮；如果不接受大宛的条件，大宛将宝马全部杀掉，康居的救兵马上就到，康居救兵到后，大宛在内，康居在外，将与汉军决一死战。"康居确实与大宛订立了攻守同盟，可是康居派探子观察到汉军强盛，畏缩不敢进兵。贰师将军与左右的人商议，将军们都赞同李广利的提议，于是接受大宛提出的议和条件。汉军选取了上等宝马几十匹，中等以下的公马和母马3000多匹，又立对汉朝使节友善的大宛贵族昧蔡为宛王，与大宛订立盟约。汉军也遵守盟约，没有进入大宛中城，便引军东归。

回军途中，贰师将军命令搜粟都尉上官桀前往攻破郁成，郁成投降，郁成王逃到康居，上官桀一路追至康居。康居王听说汉军已攻破大宛，又追至康居，吓破了胆，便向上官桀献出郁成王。上官桀命令四个骑兵捆绑着郁成王，押送给贰师将军处理。途中四人商量："郁成王是汉朝厌恨的死敌，现在把他活着送去，路上一不小心他跑了，谁也承担不了这样的责任，好事反而变成了坏事。"于是决定将郁成王杀掉。骑兵赵弟年纪最轻，血气方刚，拔剑斩杀了郁成王。随后，四人带着郁城王的头追上了大将军李广利。

太初四年（前101），贰师将军率军东归，所经小国听说大宛城破，都派其子弟跟着贰师将军入汉朝贡，觐见汉天子，并充当人质。汉军回到汉朝，进入玉门关的只有1万多人，马只剩1000多匹。汉武帝考虑到万里征伐，将士辛苦，便大加奖赏。贰师将军被封为海西侯，武帝下诏表彰贰师将军和他的部下：李广利食邑八千户，再加两千户就成万户侯，这是很优厚的奖励。随军出征的将士都受到封赏。军正赵始成功劳最多，被任命为光禄大夫；上官桀敢于深入敌阵，被任命为少府；李哆足智多谋，被任命为上党太守；赵弟斩杀郁成王，被封为新畤侯。手下的军官、文吏被任命为九卿的有3人，被任命为诸侯相、郡守和二千石官员的有100多人，被任命为千石以下官员的有1000多人。那些自告奋勇从军参战的人，所得到的官位都超出了他们的预期；因为赎罪而出征的人，被免除了处罚，只是不记录功劳。

前后两次征伐大宛，四年才告成功。从汉武帝表彰贰师将军的诏书中可知，伐大宛与抗击匈奴有密切联系，所以诏书一开始就抨击匈奴，说它为害已久，与西域国家通谋，拦截汉使。伐大宛的目的就在于打击匈奴在西域的势力。当贰师将军破大宛、斩其王而还时，匈奴曾打算出兵拦击，但看到贰师将军兵势强盛，未敢轻举妄动。

汉军班师后一年多，大宛国权贵们又杀害了亲汉的昧蔡，立毋寡的弟弟蝉封为大宛国王，但慑于汉朝威势仍与汉朝保持友好关系，蝉封的儿子被送到汉朝为质子。只要亲附汉朝，谁做大宛王，汉朝并不太介意，于是派遣使节到大宛国，赏赐给他们丝绸财物，并镇抚之。

之后，汉朝派十几批使团到大宛以西的国家，交换它们的奇珍异宝，又把远征大宛胜利的消息告诉它们，以树立汉朝在西域的威望。西域诸国震惧，多遣使者贡献。汉朝在敦煌至盐泽一线设立亭堡障塞，护卫这一线的交通；还派数百田卒在轮头、渠犁等处屯田，置使者校尉领护，屯田积粟，以供应往来汉使，保障汉朝交通西域的道路通畅。

三击匈奴

贰师将军攻破大宛，威震外国，汉武帝想趁机打击匈奴，下诏说：“高皇帝留给朕平城之忧，高后时单于来信悖逆至极，以前晋襄公报了九代人的仇怨，春秋便褒扬了他。”言下之意就是，他要效法晋襄公，报仇雪耻。

天汉二年（前 99），汉武帝命贰师将军李广利率三万骑兵从酒泉郡出塞，在天山袭击匈奴右贤王，斩获匈奴首级一万多后返回。回程路上，匈奴反扑袭击，贰师将军被围，差一点就不能脱身，士兵差不多死了十分之六七。同时出征的因杅将军公孙敖率军从西河郡（今内蒙古鄂尔多斯东南）出塞，与强弩都尉路博德在涿邪山（今蒙古国境内满达勒戈壁附近一带）会合，无所得而返。骑都尉李陵自请领 5000 步兵击匈奴，遇且鞮侯单于主力，兵败投降。

天汉四年（前97），汉武帝发动更大规模的对匈奴战争。李广利奉武帝之命，率领骑兵六万、步兵七万，从朔方郡出塞，强弩都尉路博德领军万余，与李广利会合。游击将军韩说率步兵三万人，从五原郡出塞；因杅将军公孙敖率一万骑兵和三万步兵，从雁门郡出塞。汉军三路出击。匈奴且鞮侯单于闻讯，将家属财产都转移到离余吾水（今蒙古国土拉河）北很远的地方，亲率十万大军布阵于余吾水南，与贰师将军决战。贰师将军被围，与单于连斗十余日，终于突出重围，率军撤回。韩说无所得。公孙敖与左贤王战，见战局于己不利，赶紧收兵而回。

征和三年（前90），匈奴入侵五原郡、酒泉郡，掠杀边民。两地守军出战，均不利，领兵的都尉（一郡的军事长官）战死。三月，武帝命李广利率七万人，从五原郡出塞，击匈奴，御史大夫商丘成率三万余人从西河郡出塞，重合侯莽通率四万骑兵从酒泉郡出塞千余里。这时匈奴且鞮侯单于已死，在位的是狐鹿姑单于，狐鹿姑单于听说汉军大兵压境，便将辎重尽数徙往赵信城北面的郅居水（今蒙古国色楞格河）。左贤王将百姓迁徙至余吾水北六七百里外的兜衔山下。单于本人则率精兵在姑且水（今蒙古国乌兰巴托西南图音河）列阵以待。

商丘成疾道而进，未见匈奴军队而返。匈奴派大将与李陵率三万余骑兵追击商丘成军，至浚稽山（今蒙古国境内戈壁阿尔泰山脉中段），与商丘成转战九日，汉兵攻破敌人的阵地，杀伤匈奴军很多。战至蒲奴水（今蒙古国翕金河，在浚稽山东北），匈奴见战局不利，收兵而回。

莽通带兵进至天山，匈奴派大将偃渠与左、右呼知王率两万多骑兵与汉兵对阵，但是见汉军兵强马壮，收兵避战，莽通无功也没有损失。汉军担心车师国军队阻击莽通军，由闿陵侯带兵攻下车师国，俘虏车师国国王和其臣民。

李广利率大军出塞，匈奴派右大都尉与卫律率 5000 骑兵在夫羊地区句山狭道备战。贰师将军刚出塞，匈奴就发起进攻。李广利派遣属国胡骑 2000 人与匈奴军接战，匈奴死伤者数百人。汉军乘胜追击至范夫人城，匈奴军四散奔逃，不敢与汉军对抗。范夫人城位于今蒙古国达兰扎兰加德城西北，本汉朝所筑边城，有范姓将军驻守，范将军战死后，将军夫人率众守城，保全了这座边城，故称范夫人城。

就在这时，贰师将军的妻子儿女受巫蛊案牵连被捕的消息，传到了这里。李广利离开京城时，丞相刘屈氂为李广利饯行。两人是儿女亲家，李广利的女儿是刘屈氂的儿媳。一年前发生巫蛊之祸，太子遭人诬陷自杀，朝廷未立新太子。李广利想把妹妹李夫人所生的儿子昌邑王刘髆立为太子。刘屈氂不仅为丞相，又是武帝的侄子，颇得武帝的信任。李广利告别时，对亲家说："希望你在皇上面前建议，立昌邑王为太子。昌邑王能够被立为太子，将来做皇帝，你的相位也长保无忧。"在这个问题上，两人利益一致，丞相满口应承，答应向武帝建言。

两个人这番议立太子的谈话，为李广利的悲剧埋下了伏笔。

祸起巫蛊、身丧异域

巫蛊之祸，或称巫蛊案，是汉武帝末年统治集团内部互相倾轧造成的重大政治悲剧。巫蛊是一种巫术，当时人们认为使巫师祠祭或以桐木偶人埋于地下，诅咒所怨者，被诅咒者即有灾难。

丞相公孙贺之子公孙敬声任太仆，骄奢不奉法，擅自动用北军军费 1900 万钱，被捕下狱。公孙贺知道这祸闯大了，没有特殊立功休想活命。当时武帝下诏通缉江湖人物阳陵大侠朱世安，公孙贺便请求皇帝让他追捕，以赎儿子之罪，武帝允诺。公孙贺救子心切，使出种种手段将朱世安捕获，移送朝廷。

朱世安对公孙贺怀恨在心，他对公孙贺说："大丞相，你要遭受灭族之祸了！我罪大恶极，罄竹难书，南山的道路写不下我的罪行；把斜谷的树木砍尽，做成刑具加到我身上都不够。我是肯定活不了，也不在乎多一条诬陷之罪，你就等着吧！"朱世安在狱中上书朝廷，诬陷公孙敬声与武帝女儿阳石公主私通，在皇帝去甘泉宫的驰道上，让巫人埋藏木偶以诅咒武帝。武帝年迈患病，最忌有人诅咒。征和二年（前91），公孙贺父子死于狱中，满门抄斩。刘屈氂继任丞相。

武帝命宠臣江充为使，审理巫蛊案。江充与太子有隙，借机陷害太子。他与案道侯韩说、宦官苏文等四人，到处发掘木头人，用烧红的铁器钳人、烙人，严刑逼供。只要被江充扣上"诅咒皇帝"的罪名，就难逃一死。没过多久，阳石公主、诸邑公主、长平侯卫伉都被斩杀。江充让巫师上奏汉武帝："皇宫里有人诅咒皇上，蛊气很重，若不把那些木头人挖出来，皇上的病就好不了。"

汉武帝派江充带人到皇宫里来发掘桐木人，一直搜查到卫皇后和太子的宫室。为了陷害太子，江充派胡巫做桐木人埋到太子宫里，扬言："在太子宫里挖掘出来的桐木人最多，还发现了太子书写的帛书，上面写着诅咒皇上的话。必须奏明皇上。"

太子畏惧，召问少傅石德，石德也害怕了，说："丞相公孙贺一家、两位公主、长平侯卫伉都被杀了。现在在太子的宫里挖出桐木人，我们无法证明自己的清白，皇后和我们派去的人都被拦住不报，现在根本见不到皇上，甚至连皇上是否活着都不知道，我们无处申诉啊！奸臣做出这些事，难道太子忘了秦朝的太子扶苏是怎么死的吗？"他建议太子越权行事，拘捕江充等人，查明他们的阴谋。太子开始不敢，后无奈采纳了石德的建议。

七月九日，太子派人冒充皇帝的使者收捕江充，江充手下的韩说

汉武帝茂陵

怀疑使者身份，不肯受诏，被来人杀死。太子亲自赶到，痛斥江充，把他杀了。太子还派人禀告皇后，分发武器给侍卫，向百官宣布江充谋反。苏文逃到甘泉宫，向正在此地休养的武帝报告太子谋反，武帝起初还不相信，他派使者召见太子，使者不敢去，回报武帝说："太子反已成，欲斩臣，臣逃归。"武帝大怒，下令丞相刘屈氂率兵平乱。太子纠集了军队，与丞相军激战五日，死者数万，长安大乱。城中流言都说太子谋反，太子兵败，逃离长安。汉武帝派宗正刘长乐、执金吾刘敢收皇后玺绶，卫皇后自杀。

太子逃到湖县（今河南灵宝西）泉鸠里一户人家，户主贫穷，卖草鞋以奉养太子。太子有朋友在湖县，是个富人，太子想请他帮助逃亡，富人却把他告发了。新安县令史李寿带人来捕人，太子上吊自杀，两个儿子和那一家的主人全被杀害。太子有三子一女，皆因巫蛊之乱遇害，只留下一位孙子刘询（又称刘病已）流落民间，后为汉宣帝。

太子之死激起朝臣义愤，田千秋等人上书讼太子之冤，汉武帝派人彻查，才知道卫皇后和太子从来没有埋过木头人，都是出于江充、苏文等人的诬陷，下令灭江充宗族，宦官苏文火刑处死，其他参与此事的大臣也都被处死。汉武帝痛悔不已，派人在湖县修建了一座宫殿，叫作思子宫，又造了一座高台，叫作归来望思之台，借以寄托他对太子的思念。

征和三年（前90）六月，内者令郭穰密告丞相刘屈氂曾多次遭武帝责备，刘屈氂的妻子对武帝不满，请巫祈祷神灵，诅武帝早死。同时密告刘屈氂与李广利共同向神祝祷，希望昌邑王刘髆将来做皇帝。武帝下令主管司法的廷尉查办。刘屈氂被处以腰斩，并用车装着尸体在街上游行，妻儿在长安华阳街斩首示众。刘屈氂一案牵连到李广利，李广利的妻子儿女都被捕下狱。

正在指挥大军对匈奴作战的李广利，听到家中妻儿被捕收监的消息，既忧虑又害怕，不知所措，掾吏胡亚夫劝他投降匈奴。由于胡亚夫本人正是为了避罪而从军的，他便判断说："将军夫人家眷都被官府收押，如果回去，不称皇帝的意，就要在监狱中和家人会面了，而且是杀头之罪。那时想投降匈奴也不得啊！"李广利担心投降匈奴，等于把妻儿老小送上死路，不如立功赎罪，或许有一线希望。他没有听胡亚夫的话，欲再击匈奴，取得胜利，以期汉武帝饶其不死。

李广利为了身家性命，孤注一掷，不惜以数万汉军士兵的生命为赌注，挥师北进。他派护军率两万骑兵渡过郅居水，却遭遇匈奴左贤王左大将率领的两万骑兵，大战一天，汉军杀死了匈奴左大将，匈奴死伤的人很多，战争形势有利于汉军。但汉军毕竟是孤军深入，长史与决眭都尉煇渠侯商量："将军怀有二心，不顾众人的安危去追求战功，恐怕最终会招致失败。"他们谋划将李广利扣押起来，以阻止其冒险进军。李广利觉察了长史的计划，把他斩首，又担心军心不稳，率军由郅居水向南撤至燕然山（今蒙古国杭爱山）。单于知道汉军转战千里，疲累已极，亲自率领五万骑兵拦击汉军，双方伤亡惨重。

匈奴人乘夜在汉军阵地前挖了壕沟，深达几尺，然后从汉军的后方突然发动进攻，汉军大乱，李广利立功赎罪的计划彻底破产，不得不投降匈奴。狐鹿姑单于早就知道李广利是汉朝的重臣，十分看重他，把自己的女儿嫁给他，比卫律还受尊敬和宠爱。消息传到汉廷，武帝依汉律将李广利满族诛灭。

卫律本是匈奴人，在汉朝长大，并在朝廷做官，与李广利兄弟交情颇好，李延年曾在汉武帝面前举荐卫律出使匈奴。之后，李延年因李季之事伏法，卫律怕被株连，便投降了匈奴。卫律见李广利投降在自己之后，而受到的尊宠却在自己之上，心生嫉妒，欲加害李广利。

一年后，单于母亲阏氏生病。卫律买通巫师，让巫师谎称病因是由于去世的单于在发怒，说："匈奴以前出征时祭祀，常常说要拿贰师将军李广利祭神，现在为什么不用他来祭祀？"匈奴人很相信巫师的话，单于只好把李广利收押，杀害以祭神。李广利死后，匈奴接连数月下大雪，家畜死亡，百姓疫病不断，单于以为李广利冤魂作祟，十分害怕，便为李广利建立祠堂。

第四章

夺取西域

傅介子刺杀楼兰王，汉将郑吉夺取车师，由此，汉朝在西域树立了威望。这一阶段，匈奴内部矛盾重重。日逐王降汉，汉乘机在西域设立西域都护，取代了匈奴僮仆都尉，西域正式进入汉王朝统治范围。汉朝虽然夺取了西域，并设立西域都护以统护之，但与匈奴的斗争并没有结束。匈奴不甘心失败，屡屡反攻西域，汉朝与匈奴在西域进行了反复较量。

汉武帝死后，昭帝继位。昭帝时，西域龟兹、楼兰均联合匈奴，杀汉使官，劫掠财物。因此，想要削弱匈奴在西域的势力，保证丝绸之路通畅，就必须先解决楼兰和龟兹国的问题。

汉武帝征和元年（前 92），楼兰国王死，匈奴抢先一步，送当时身在匈奴的楼兰质子安归回国继承王位。安归倾向匈奴，与汉朝为敌，先后攻杀汉朝派往西域的使者安乐、忠、遂成等人，又杀害大宛、安息等国派往汉朝的使节，汉朝与西域的交往因此断绝。

不久，龟兹国贵族又攻杀汉朝派驻轮台的屯田校尉赖丹。赖丹本为扜弥国太子，扜弥又名拘弥，其地在今新疆于田，都城是扜弥城，在今于田东北。扜弥是西域小国，臣属于大国龟兹。李广利破大宛回军途经扜弥，恰逢赖丹要被送去龟兹为质子。李广利派人责问龟兹王，不许他入质其他国家的王子，并将赖丹带回长安入汉为质。汉昭帝采纳桑弘羊的建议，任命赖丹为校尉，屯田轮台。龟兹贵人姑翼向其王进言："赖丹接受汉朝的官职，在逼近龟兹的地方屯田，一定会对龟兹造成威胁。"龟兹王听从姑翼的建议，派兵攻杀赖丹，后来害怕汉朝责怪，又上书谢罪，于是西汉没有出兵。

傅介子像

昭帝元凤三年(前 78)，傅介子（？—前 65）任骏马监，上书朝廷，请求出使大宛国。傅介子，北地郡义渠县（今甘肃庆阳西南）人，因从军立功为官，机智果敢。汉昭帝和大将军霍光命令他经过楼兰和龟兹时，责问两国国王杀害汉朝官员和使节的行为。

傅介子先到楼兰，责问楼兰王，楼兰王服罪致歉，并通报了匈奴使团刚刚过去，应当是经龟兹至乌孙的消息。傅介子至龟兹，又责问龟兹王，龟兹王也服罪。及至傅介子从大宛国回程，再至龟兹时，龟兹王便向傅介子报告了匈奴使团在此的信息，于是傅介子率手下吏士杀死匈奴使节，龟兹王恐服。傅介子回京上奏出使情况，被任命为中郎，升平乐监，为辅政大臣霍光所赏识。

西域各国在汉朝和匈奴的夹缝中求生存，处境艰难。楼兰王和龟兹王在汉与匈奴之间左右摇摆，反复无常，这无关道德品质，实为无可奈何之举。但这两个国家处于汉朝通使西域的要道上，傅介子认为如果不对其严加惩戒，一定会影响汉朝与西域的交通。由于他在此次出使中发现龟兹王疏于防范，容易接近，就向大将军霍光请求前往刺杀龟兹王。霍光以为龟兹道远，不妨先杀楼兰王以验证此计是否可行。

元凤四年(前 77)，傅介子率领随行将士，以赏赐西域诸国为名，携带黄金和丝绸再次来到楼兰。楼兰王安归亲附匈奴，因此对汉使缺乏热情，不打算见傅介子。傅介子假装辞别，楼兰王派向导、翻译送他们。至楼兰国西界，傅介子让翻译回去转告楼兰王："汉朝使节携带大量黄金、锦缎，赏赐沿途国家。大王不来领受，汉使就要离开楼兰到其他国家去了。"傅介子抛出诱饵，向翻译展示其黄金、丝绸。翻译一边挽留傅介子，一边回去报告楼兰王，楼兰王抵挡不住财货的诱惑，于是赶往汉使住处见傅介子。

傅介子与楼兰王在帐外席地而饮，又把黄金、丝绸展示给楼兰王看。众人饮酒皆醉，但事实上傅介子是装的，他告诉真醉的楼兰王："汉朝皇帝有几句话，要我悄悄地转告您。"楼兰王起身跟着傅介子到了帐中，傅介子假作对楼兰王耳语，事先埋伏在帐中的两位壮士一跃而出，各持利刃从楼兰王身后交叉刺穿其胸，楼兰王还没明白怎么回事，便一命呜呼。傅介子安抚楼兰居民，改楼兰国名为“鄯善”，汉朝另立在汉朝的楼兰质子、安归之弟尉屠耆为鄯善王。傅介子持安归的头回到汉廷，公卿大臣和上书议事者都称赞傅介子的功劳，昭帝以功封其为义阳侯。汉朝嫁宫女给尉屠耆，又派军队到鄯善国都附近屯田，以此保护尉屠耆的安全，同时也保证了鄯善国的稳定和丝路的畅通。

自从张骞通西域、李广利征伐大宛之后，汉朝开始在西域设置使者校尉官署，屯田于渠犁，积蓄粮食，以供应出使外国者中途之需。自敦煌向西至盐泽（今罗布泊），建立亭堡，置兵驻守。渠犁屯田有尉犁、轮台两个据点，皆有田卒数百人。尉犁、轮台地处丝绸之路北道要冲，自武帝太初四年（前 101）两地开展屯戍，以犄角之势直接威胁匈奴在焉耆所设置的统治西域的僮仆都尉。

使者校尉是西汉政府在西域最早设置的职官，实际上就是后来西域都护的雏形。武帝征和四年（前 89），大司农桑弘羊奏请扩大轮台屯田，由于当时局部战事失利，国家财政吃紧，晚年的汉武帝又丧失了原来的进取精神，遂下诏停办轮台屯田。后来汉昭帝采纳桑弘羊之议，得以恢复轮台屯田。宣帝地节二年（前 68），汉遣侍郎郑吉等人前往渠犁屯田。

匈奴西边日逐王置僮仆都尉，使其领西域，常居焉耆、危须、尉黎间，向诸国收缴赋税。僮仆都尉，顾名思义，是“视诸国之民，为家僮奴仆”。匈奴僮仆都尉常驻在今焉耆一带，焉耆邻近车师，而车师是其重要后援。因此，控制车师对汉朝和匈奴都至关重要。

车师国勾结匈奴，劫杀汉使，郑吉便攻打车师，与匈奴争夺对车师的控制。郑吉，会稽郡（今江苏苏州一带）人，行伍出身，多次随军进击西域，因战功升迁为皇帝的侍卫郎官。郑吉为人有大志，擅长处理汉对各国事宜。

秋收时，郑吉与校尉司马熹率屯田士 1500 人，又调发西域诸国军队一万多人进攻车师，攻破车师国都交河城。车师王躲在北面石城中，未被俘虏，但因为军粮已尽，郑吉决定罢兵，仍回渠犁屯田，秋收完毕，再次发兵攻车师王于石城。车师王听说汉军将到，仓皇北逃，向匈奴求救，匈奴没有发兵。车师王与贵族苏犹商议，打算向汉军投降，但又担心不被信任。苏犹教车师王攻取匈奴旁边的小国蒲类，劫掠其人民，取信于汉人，然后投降郑吉。

郑吉率渠犁所有屯田兵 1500 人移屯车师，并驻交河城。匈奴听说车师王投降汉朝，发兵攻打车师，郑吉带兵向北迎战，匈奴不敢向前。郑吉留下一个军侯及 20 名士兵保卫车师王，自己领兵回到渠犁屯田。匈奴意识到“车师地肥美，使汉得之，多田积谷，必害人国，不可不争”。因此汉匈在车师进行了激烈的争夺斗争。在匈奴的强攻下，郑吉撤离车师，还屯渠犁。车师王惧怕匈奴，逃到乌孙，郑吉把车师王的妻子安顿在渠犁。

随后郑吉准备回朝报告，行至酒泉，又被诏命回到渠犁与车师屯田，增加积谷以安定西域，对付匈奴。郑吉回到西域，调发 300 士兵到车师屯田。匈奴派遣骑兵来袭击汉屯田者，于是郑吉和校尉将渠犁的屯田士 1500 人全都调到车师屯田，匈奴又增调骑兵前来袭击，汉屯田士人少力不能敌，退守车师城。匈奴骑兵在城下对郑吉喊话说：“单于必争此地，汉人不可在此屯田。”围困数日后匈奴撤走，但此后常派数千骑兵往来骚扰。郑吉上书：“车师去渠犁千余里，间以河山，北近匈奴，汉兵在渠犁者势不能相救，愿益田卒。”公卿大臣议论纷纷，以为车师道远烦费，最好是罢归屯田卒。

但汉廷反复商议，还是派长罗侯常惠率张掖、酒泉两郡的精锐骑兵出师匈奴右地，在车师以北 1000 余里的战线炫耀兵威。匈奴骑兵再次退走，被围困的屯田部队得以从车师回到渠犁，在渠犁设三校尉屯田。汉朝又立故车师太子军宿为王，将车师国民迁至渠犁。车师因得到汉军保护，不再受匈奴欺压，“亦安乐亲汉”。郑吉攻占车师，把车师一分为二，划分成前后两部分，即车师前王国（今新疆吐鲁番地区）和车师后王国（今新疆昌吉回族自治州一带）。

车师降汉是西汉争夺西域的重大胜利，郑吉立有大功，因而升为卫司马。朝廷命他守护鄯善以西的西域南道，即从鄯善西行，经鄯善、若羌、且末、于阗、莎车，而后翻葱岭之路。

在这一时期，匈奴内部也不稳定，正发生分裂。早在昭帝元凤元年（前80），匈奴发生内乱，东有姑夕王及左地（匈奴东部地区）贵族拥立呼韩邪单于，西有右贤王及左大且渠都隆奇拥立屠耆单于。这年七月，屠耆单于派驻东部边境防御呼韩邪单于的右奥鞬王及乌藉都尉又分别自立为车犁单于和乌藉单于。统辖匈奴西北部地区的呼揭王亦自立为呼揭单于，由此形成五单于并立相攻的态势。八月，屠耆单于首先率兵向东进攻车犁单于，同时遣都隆奇率兵进攻乌藉单于。车犁、乌藉两位单于都战败，不得不退向西北与呼揭单于合兵，共计四万余人。乌藉、呼揭取消单于称号，联合起来共同辅佐车犁单于。屠耆单于再率骑兵四万人向西进攻车犁单于，又遣左大将及都尉分率骑兵屯驻东部，专门防备呼韩邪单于的进攻。屠耆单于击败车犁单于，后者率部向西北方向转移。屠耆单于复率兵转战西南，留居闟敦王所居之地。

元凤二年（前79年）春，呼韩邪单于遣其弟右谷蠡王进攻屠耆单于左大将及都尉统帅的骑兵，最终俘虏、斩杀一万余人。屠耆单于闻讯大怒，亲率骑兵六万人向东急行千余里，与呼韩邪单于四万骑兵遭遇。剧战之结果是，屠耆单于兵败自杀，余部投降汉朝。退居西北的车犁单于见呼韩邪单于人多势众，率部归降。但乌藉不甘屈居人下，又自立为单于，终被呼韩邪单于捕杀。最终呼韩邪单于兼并匈奴各部，复都单于庭（今蒙古国乌兰巴托）。

匈奴五单于争立，征战多次，死伤者众，畜产损耗十之八九。即便呼韩邪单于一统匈奴，所部也不过数万人，匈奴从此由盛转衰。

至汉宣帝时，匈奴日逐王又生异心。日逐王是匈奴贵族封号，分左、右，位次于左右贤王和左右谷蠡王，与左右温禺鞮王及左右渐将王均是单于子弟，除左贤王常为太子，其余九王也有次第为单于的资格。

日逐王先贤掸的祖父是且鞮侯单于，伯父是狐鹿姑单于，父亲是匈奴左贤王。武帝太始元年（前 96），且鞮侯单于病故。先贤掸之父被匈奴贵人拥立为单于，继位不久便主动让位于哥哥狐鹿姑，改任左贤王。后狐鹿姑单于死，狐鹿姑之弟右谷蠡王继位，即壶衍鞮单于。壶衍鞮单于死，虚闾权渠单于立。

虚闾权渠单于初立时，贬黜了颛渠阏氏，颛渠阏氏便与右贤王屠耆堂私通。宣帝神爵二年（前 60），颛渠阏氏及其弟都隆奇助屠耆堂，乘单于病危之机，篡位成功，号握衍朐鞮单于。新单于初立，对汉朝“复修和亲”，对内尽杀前单于旧人，又将前单于的子弟近亲全部免职，而重用其弟都隆奇，任用自己的子弟。

当年，先贤掸的父亲让位狐姑鹿，所以匈奴有些贵族以为先贤掸“当为单于”。日逐王先贤掸向来与屠耆堂不睦，如今更成为新单于的假想敌，岌岌可危。日逐王想到自己在匈奴诸王之中，非单于的嫡系，愈加感到力单势薄。一番深思熟虑之后，他决定归降汉朝。这年十月，日逐王遣使至渠犁，向郑吉表示愿意率众归属汉朝，郑吉便准备迎降事宜。此时郑吉手下人劝他：“日逐王率有上万精骑，而我们屯田区只有三百多人，我们去迎他，万一有变，非同小可。”郑吉分析汉匈势力消长情况和日逐王眼下的处境，认为日逐王归顺汉朝出于形势所迫，之所以约定到他指定的地点去受降，主要是试探汉方是否有诚意。如果不敢去，日逐王必然会犹豫动摇。郑吉劝诫手下不能只考虑个人的安危，误了国家的大事。他说：“怕死的留下，不怕死的随我去冒险。”大家异口同声地说：“我们背井离乡就是为了报效国家，一切听从卫司马调遣！”

到了约定日期，郑吉调动渠犁、龟兹诸国五万人马，前往约定的地点接应日逐王。日逐王见郑吉亲自来迎，高兴异常，对郑吉的气魄胆识十分赞赏。日逐王部下 1.2 万人、大小头目 12 人随郑吉到了河曲地区（今青海东部），途中有人叛归，郑吉果断处死叛逃者，随后带着日逐王及其部下到了京师。朝廷封日逐王为归德侯，留居长安。

郑吉先攻破车师国，又迎降日遂王，遂威震西域。为了表彰郑吉的功劳，朝廷又封他为安远侯。神爵三年（前 59），汉宣帝任命他为骑都尉，在兼护西域南道诸国的同时，兼护车师以西的西域北道诸国，即从车师前王国出发西行所经之焉耆、龟兹、姑墨、温宿、疏勒等国。从此，丝绸之路南、北两道都由郑吉来领护，号称西域都护。都护，即总领兼护的意思，西域都护一职的设置，自郑吉开始。匈奴僮仆都尉“由此罢，匈奴益弱，不得近西域”，匈奴在西域的统治至此瓦解。

汉朝设置的西域都护，取代了匈奴在西域设置的僮仆都尉，这是具有标志性意义的重大事件，西域从此正式进入汉朝的行政管辖范围。在西域都护府建立初期，郑吉为了对西域进行有效的管理，调解西域诸国之间的关系，采取了一系列的措施。郑吉死于元帝初元元年（前 48）。他在西域奋斗 20 多年，以屯田渠犁、击破车师、迎降日逐王、出任西域都护而功绩卓著。史称：“汉之号令颁于西域矣，始自张骞而成于郑吉。”

从汉朝设置西域都护起，帕米尔以西以北的大宛、乌孙都处于西域都护的管辖之下。汉朝同时发展屯田事业，屯田校尉开始从属于西域都护。应劭《汉官仪》下云："西域都护，武皇帝始开通西域三十六国，其后稍分至五十余国，置使者校尉以领护之。宣帝神爵三年，改曰都护，秩二千石。"

据史籍记载，自汉宣帝任命郑吉起，至王莽新朝约70余年间，西域都护皆选勇敢有谋略者担任此职，显示了西汉对西域的牢固统治。自郑吉起任西域都护者18人，其中姓名见于史册的有9人：元帝时有韩宣、甘延寿，成帝时有段会宗、韩立、廉褒、郭舜，平帝时有孙建、但钦，新莽时有李崇。西域都护为维护丝绸之路的稳定和畅通，做出了卓越的贡献。至新莽末年，西域乱，末任西域都护李崇死于龟兹，遂罢都护。

二 与乌孙和亲

与西域国家进行和亲和联姻，是汉朝孤立匈奴和拉拢反匈势力的重要策略。

最先与汉朝和亲的是乌孙。

乌孙人是操突厥语系的古代民族，主要从事畜牧业。公元前 2 世纪初叶，乌孙人在敦煌祁连山间游牧，乌孙王难兜靡被月氏人攻杀，他的儿子猎骄靡刚出生，被匈奴冒顿单于收养，年长后使其复兴故国。汉文帝三年至四年间（前 177—前 176），冒顿单于派右贤王进攻月氏。月氏战败后西迁至伊犁河流域。后来匈奴老上单于与乌孙昆弥猎骄靡又联合进攻伊犁河流域的月氏，月氏战败。大部分往南迁入大夏境内，被称为大月氏，少数人留居当地，被称为小月氏。在月氏大部南下以后，乌孙人为了摆脱匈奴的控制，迁至伊犁河流域，与留下来的塞人、月氏人一起游牧，势力强大起来。

后来，张骞奉汉武帝之命，第二次出使西域至乌孙。乌孙昆弥猎骄靡感念匈奴恩德，也缺乏对汉朝远近强弱的了解，因此当张骞建议他返回故地，与汉朝夹击匈奴的时候，他不愿与汉朝订立盟约。但张骞回国时，猎骄靡派遣使者携带良马数十匹前往汉朝。汉武帝得到乌孙马，高兴地赐名为“天马”。

乌孙昆弥不愿永远受制于匈奴，在他了解到汉朝国富兵强以后，就表示愿与汉朝联姻，意图借汉朝以自重。匈奴单于得知乌孙与汉交通，发兵击乌孙。为了得到汉朝的援助，加强与汉朝的友好关系，乌孙昆弥向汉朝请求通婚，要娶汉朝公主以和亲。对于汉朝而言，在通乌孙以后，汉使西行多取道乌孙南境前往大宛和大月氏等中亚各国，并远至安息、奄蔡、条支、身毒，十分便利。为了巩固与乌孙的友好关系，汉朝答应了乌孙求亲的要求。

汉武帝元封年间以宗室刘建之女细君为公主远嫁昆弥，汉与乌孙结下和亲关系，赠礼甚丰。匈奴听到乌孙与汉朝联姻以后，也遣女与昆弥成婚。昆弥以细君为右夫人，以匈奴女为左夫人。乌孙与匈奴都尚左，以左为尊。昆弥左匈奴女而右细君，在汉朝与匈奴之间显然倾向匈奴。后来细君去世，为了保持与乌孙的姻亲关系，汉朝又遣楚王刘戊之孙女解忧与乌孙昆弥军须靡成婚。解忧公主身世与细君相似，祖父刘戊曾是霸居一方的楚王。景帝三年（前 154）春，刘戊参与同姓诸王的七国之乱，兵败身亡，解忧公主与其家人长期受到猜忌和排斥。当罪臣江都王刘建之女细君因“和亲”远嫁乌孙昆弥而郁郁以终之后，汉武帝为了巩固与乌孙的联盟，于太初四年 (前 101) 又将解忧公主嫁给乌孙昆弥军须靡。

军须靡继位以前曾娶匈奴女，生子泥靡，军须靡病危时泥靡尚幼，遗嘱由其叔父之子翁归靡摄政，等到泥靡年长立为昆弥。翁归靡摄政后，号肥王，解忧与翁归靡成婚。她与翁归靡生有三男两女，长子元贵靡后来继立为乌孙昆弥，次子万年做了莎车国国王，三子大乐为右大将，长女嫁龟兹王为妻，小女嫁若呼翕侯为妻。解忧公主的这些子女在乌孙、莎车和龟兹等国地位都非常显要。解忧公主帮助和支持翁归靡，促进和发展了乌孙与汉朝的关系。乌孙在汉朝最终击败匈奴方面发挥了重要作用。

汉武帝元狩年间，霍去病在陇西一带大破匈奴，陇西地空。此后，汉武帝在陇西设置了酒泉、武威、张掖、敦煌四郡。与此相应，乌孙也向东扩张到今新疆呼图壁地区。在汉朝与乌孙步步逼紧的情况下，匈奴联合车师后王国进攻乌孙。自汉昭帝末年，到汉宣帝继位之初，匈奴接连发兵攻打乌孙，占领乌孙多处，要求乌孙将解忧公主送往匈奴，并断绝与汉朝的关系。

汉宣帝本始二年（前72），解忧公主与肥王翁归靡遣使上书，请求出兵救援乌孙，乌孙愿与汉军配合共同作战。本始三年（前71），汉朝调发15万骑兵，由五位将军统率，分道并出。又派校尉常惠持节至乌孙，协调乌孙军队行动。乌孙国出兵5万人，与汉朝成功夹击匈奴，擒获匈奴单于的叔父、嫂嫂、名王和都尉以下4万余人，虏获马、牛、羊、驴、骆驼70余万头。

当年冬天，出于报复，匈奴单于亲自率数万骑兵再次攻打乌孙。最初匈奴军节节胜利，但上天不佑匈奴，连降大雪，一日深丈余，匈奴人畜冻死大半，生还者不及十分之一。丁零攻其北，乌桓攻其东，乌孙攻其西，匈奴人民死亡十分之三，畜产损失二分之一，人心动荡，属国瓦解，大见衰弱。西域的局势彻底扭转，汉朝终于实现了“断匈奴右臂”的计划。

为了表达对汉朝的感激，元康二年（前64），翁归靡上书汉廷，表示愿立汉朝皇帝的外孙元贵靡为嗣，请求再派汉公主与其联姻，亲上加亲，以加强汉朝和乌孙的关系。汉宣帝封解忧的侄女相夫为公主，下嫁元贵靡。乌孙派使者三百人，来汉朝迎娶相夫。常惠送相夫赴乌孙，当相夫一行到达敦煌时，得知翁归靡已死，乌孙贵族另立军须靡的匈奴夫人所生的儿子泥靡为昆弥。宣帝得知后，对此十分不满，召还相夫，婚事由此作罢。

新任昆弥泥靡为人暴戾，号狂王，解忧公主遵循风俗再嫁狂王，生一男名鸱靡。但解忧公主与狂王不和，且乌孙贵族分为亲汉与亲匈奴两派，互相攻讦，政局不稳。因此解忧公主决定除去这位“为乌孙所患苦”的暴君。在一次酒宴上，她派人用剑击杀狂王。狂王虽受伤，但拼死逃走，狂王之子细沈瘦发兵将解忧公主围困在赤谷城。汉西域都护郑吉发兵救公主，细沈瘦才被迫退兵。狂王伤逃之后，原肥王翁归靡匈奴夫人所生之子乌就屠，扬言母家将派来大军，乘机在北山聚众作乱。他袭击狂王，自立为昆弥。汉朝随即派破羌将军辛武贤率兵到敦煌待命，以应对西域可能发生的变乱。眼看一场干戈即将爆发，一个女人却化解了这场危机。

这个女人就是随解忧公主到乌孙的侍者冯嫽，嫁给了乌孙右大将。她机智果敢，成为解忧公主的得力助手。冯嫽胆识超人，才干出众，在西域诸国享有很高的声望，被尊称为“冯夫人”。西域都护郑吉知道乌孙右大将与乌就屠关系很好，便请冯嫽去说服乌就屠。冯嫽不顾生命危险，毅然上路，亲至北山，面见乌就屠，向他晓之以理，陈说利害。汉朝又派中郎将张遵持医药，为狂王泥靡疗伤，并赐黄金、丝绸以平息其怨愤。

乌就屠慑于汉军临境，不得不听从冯嫽的劝告，希望能从汉朝得到一个封号。甘露元年（前 53），宣帝征冯嫽问状，冯嫽行万里归汉朝，向宣帝汇报西域形势和自己的看法，宣帝对她十分器重，正式任命她为出使乌孙的使节。冯嫽乘锦车，持汉节，率领副使和随从人员从长安出发，再往乌孙。到乌孙后，冯嫽代表朝廷，诏令乌就屠前来，正式册立解忧公主的儿子元贵靡为“大昆弥”，乌就屠为“小昆弥”，并赐二人金印绶带。汉朝又派将军常惠率兵驻守赤谷城，为大、小昆弥划分人口与地界，大昆弥得户 6 万多帐，小昆弥得户 4 万多帐。乌孙的动乱平定了，汉与乌孙的联盟关系也恢复了。

不久，大昆弥元贵靡与其同母弟鸱靡皆病死。宣帝甘露三年（前 51），解忧公主行年七十，年老思乡，上书汉朝皇帝“愿得归骸骨葬汉地”。这年冬，汉朝派人将她迎回长安。她带着孙男孙女三人回到了长安，于黄龙元年（前 49）去世。冯嫽随她一起返回长安。

除乌孙之外，与汉朝联姻的还有龟兹和鄯善。龟兹王绛宾妻解忧公主之女，并与妻子朝汉，王及夫人皆赐印绶，夫人亦号公主，汉赐以车骑旗鼓歌吹数十人，绮绣杂缯奇珍凡数千万。龟兹王和夫人在汉朝待了一年后回国，汉朝厚礼赠送。此后龟兹王数次来朝贡。龟兹王在本国推行汉朝制度，服汉服，治宫室，大街上放岗哨，出入传呼，撞钟鼓，不伦不类，当地人人都嘲笑他“驴非驴，马非马”。绛宾死，其子承德继立，自称汉朝外孙，在汉成帝和哀帝时与汉来往频繁，关系非常亲密。

楼兰国改名鄯善，汉朝立其质子尉屠耆为王，并以宫女妻之。汉与乌孙、龟兹、楼兰之间的联姻进一步密切了彼此间的关系，稳定了西域的局势。

三 恩威并施

除和亲之外，武力威胁和军事打击也是汉朝巩固与西域各国政治关系的有力保证。

这种军事打击主要是针对匈奴，征服匈奴是经营西域保证丝路通畅的前提，因此从武帝起，对匈奴进行了长期用兵。西汉时对西域用兵不多，但当西域一些国家杀害汉朝使者、直接妨碍西域交通时，汉朝则施以征伐，以扬国威，以此作为推进和维持丝路畅通必不可少的手段。

武帝时伐楼兰、姑师、大宛，汉朝在西域初步树立起了威信。汉朝设置西域都护之后，丝绸之路更加通畅。但由于匈奴势力以及西域亲附匈奴的势力存在，汉朝仍然奉行用兵与施惠并举的政策。常惠、冯奉世等人很好地执行了这一政策。

常惠，并州人，生年不详，是活跃在汉武帝、汉昭帝、汉宣帝三朝的外交活动家。常惠幼年贫困，饥寒生活磨炼和造就了他沉着机敏、寡言语而善决断的性格。

汉武帝天汉元年（前 100），常惠响应朝廷招募，随中郎将苏武出使匈奴，被匈奴扣留长达 19 年。他在与匈奴的斗争中表现出非凡的智慧和才干。回到汉朝后，汉昭帝破格提拔他，即从一个临时招募的下层官吏一举提升为光禄大夫。

宣帝继位后，匈奴与汉的关系日趋紧张，边事时有发生，为了联合西邻诸国一道抗击强敌，彻底清除边患，宣帝任命熟悉匈奴情况的常惠为校尉，持节出使西域乌孙国，与其结盟合作，共同抗御匈奴。汉宣帝继位第二年（前 72），汉朝出动骑兵 15 万，分兵五路进击匈奴，同时派常惠前往乌孙，节制乌孙骑兵 5 万余人，与汉军东西并进，夹击匈奴。

宣帝本始三年（前 71）秋，朝廷命常惠带金帛出使乌孙，赏赐对匈奴战争立功人员。临行，常惠奏请宣帝："龟兹国尝杀汉朝屯田官校尉赖丹，未伏诛，请便道击之。"宣帝没有批准，但大将军霍光嘱咐常惠到西域后见机行事。常惠率吏士 500 人到乌孙，赏赐完之后率乌孙兵 7000 人东进，同时征发龟兹西和龟兹东的西域诸国兵各 2 万人，三面夹击龟兹。兵未合围，常惠又派人先到龟兹王城，斥责龟兹国杀害赖丹的罪行。龟兹王惧罪，赶紧交出了首谋杀害赖丹的龟兹贵人姑翼。常惠斩姑翼，罢兵返回汉朝。常惠因功受封长罗侯。

苏武去世后，常惠又代苏武任典属国之职，处理外交事务，成为西汉中期著名外交活动家，为处理汉与西域各国以及匈奴的关系做出了重要贡献，史称"明习外国事，勤劳数有功"。宣帝甘露年间被擢升右将军之职。

冯奉世（?—前 39），字子明，西汉名将，上党郡潞县（今山西潞城东北）人，后移居杜陵县（今陕西西安东南）。冯奉世出身于将门世家，其祖父为冯唐，在汉文帝时期即闻名朝野。

汉武帝末年，冯奉世以"良家子"选为郎，当了宫廷卫士。"良家子"即出身良家的子女，汉时指从军不在七科谪内者，或非医、巫、商贾、百工之子女。昭帝时，冯奉世因功补为武安长，复因故免职。那时他 30 多岁，在家闲居，勤学春秋，研习兵法。前将军韩增与之面谈，发现他确有真才实学，便向汉宣帝推荐，任命他为军司空令。

冯奉世像

汉宣帝本始三年 (前 71)，冯奉世随军出征匈奴，回师后任郎官，又奉朝廷之命出使西域。当时，汉朝曾多次派人出使西域，但使者素质高低不等，有的乘机贪污，有的受到西域小国的困辱，有失汉朝的尊严，故朝廷慎重考虑出使外国的人选。时逢乌孙国配合汉军进击匈奴有功，西域各国又刚刚归顺汉朝，朝廷决定派使者去安抚，加强与西域各国的联系。韩增推荐冯奉世，认为他相貌魁伟，才智出众，堪当此任。冯奉世被授以卫侯，奉命护送大宛等国使臣回国。

正当冯奉世一行走到伊修城（在鄯善境内）时，都尉宋将报告，莎车国与邻国勾结，杀死了亲附汉朝的国王万年，还杀死了汉朝使者奚充国。万年是解忧公主之子，做了莎车国的臣下。莎车王喜欢他，送他去长安留学。莎车王死后无子，莎车国的大臣想以汉朝为靠山，又想讨好乌孙国，就上书汉宣帝，请求让万年做他们的国王。汉宣帝同意请求，派奚充国为使者护送万年回国做了莎车王，莎车国内亲附匈奴的势力对此不满，尤其是莎车王的兄弟呼屠征一直对王位有野心，趁机联络临近的部落，杀死了万年和汉朝使者奚充国，自己做了莎车王。

此时，匈奴正遣兵攻车师，呼屠征借机恐吓邻国。他派出使者向周边的国家宣称，北道诸国已经脱离汉朝，附属匈奴，南道诸国应听从他的指挥。莎车以西域霸主的身份，攻劫南道诸国，由鄯善西去的西域南道由此被阻断。

西域都护郑吉、校尉司马意安排冯奉世一行走北道。冯奉世与副使严昌分析形势，认为莎车国内发生政变，是引起西域动荡、交通断绝的主要根源，如不及早铲除尚未稳定立足的呼屠征，势必养痈成患，进而危及整个西域的长远稳定和丝绸之路的畅通。然而，要镇服莎车就要调动西域各国的军队，这样大的军事行动必须上报朝廷，路途遥远，往返费时，边境形势瞬息万变。于是他们商定，不待奏闻朝廷，立即采取行动。冯奉世用从朝中带来的符节通知附近西域小国出兵，联兵进攻莎车，不久征集到各国兵马 1.5 万人。他自任统帅，进击莎车，攻拔其城。

呼屠征毫无防备，待冯奉世兵临城下，他才慌忙募兵抵御，最后兵败自杀。莎车人献出呼屠征的头颅求和，冯奉世让他们另选前王支裔为国王。莎车国恢复安定，冯奉世之名也不胫而走，威震西域。冯奉世平定莎车之乱后，遣回各国兵士，继续西行，直抵大宛。大宛君臣闻其威名，对他倍加敬重，给予隆重的接待。

后来，冯奉世荣归长安，宣帝甚为高兴，提议为他加封官爵。众大臣也认为冯奉世有功于国，应予封爵。只有少府萧望之提出异议，他认为冯奉世擅自发动小国之兵，虽有大功，但是不足效法，如果加封冯奉世，会鼓励他人出使时贪功趋利，与冯奉世攀比，在万里之外为求功名而与他国寻衅滋事，那样一来恐怕给国家带来更多麻烦。宣帝同意萧望之的看法，便未封爵，只任命他为光禄大夫、水衡都尉。

汉元帝初元元年（前48），冯奉世被任命为执金吾，职掌北军。执金吾是秦汉时率禁兵保卫京城和宫城的官员，其所属兵卒称为北军。武帝太初元年（前104），改名为执金吾。西汉时执金吾担负京城内的巡察、禁暴、督奸等任务。

不久，上郡1万多名降汉的胡人发生叛乱。冯奉世持节率兵前往镇压，稳定了边境局势。元帝初元三年（前46），典属国常惠死，冯奉世接替常惠，掌管少数民族事务，几年后升为光禄勋。光禄勋是负责守卫宫殿门户的宿卫之臣，后演变为专掌宫廷杂务之官。

冯奉世上任之后，又成功地平定了"羌变"。当时，河西走廊的羌人往往与匈奴结为盟友，汉朝占领河西走廊，有意隔断其与匈奴的联系。但负责羌人事务的汉朝官吏常侵犯羌人，引发羌人暴动，当时称为"羌变"。永光二年（前42）秋，驻守陇西的护羌校尉辛汤因嗜酒惹事，侮辱羌人，又一次激怒了羌众，导致陇西羌族的分支发生暴动。羌人叛乱直接威胁河西走廊的安全，还招致匈奴的响应和声援。如果不能及时扑灭叛乱，会让汉朝在边疆地区和西域丧失威信。

元帝召集丞相韦玄成、御史大夫郑弘、大司马车骑将军王接、左将军许嘉和右将军冯奉世一齐入朝，讨论对策。当时，连年灾荒，谷价上涨，京师每石谷子卖 200 余钱，边境地区郡县卖到 400 钱，关东地区竟至 500 钱。全国普遍饥馑，饿死人的报告不断传到朝廷，因而汉元帝忧虑饥民铤而走险。在这种时候，羌人反叛，如果用兵西羌，更容易激起民变。韦玄成等人感到一筹莫展，默然相对。

危急关头，冯奉世主动请求率兵平叛，元帝问他需要多少兵力。冯奉世说：“善于用兵的人，打仗要一举成功，军粮转运不超过三次，所以速战速决，不要让兵士长久地在战场服役。以往对敌军的人数估计不足，往往失败之后又派兵增援，那样既耽误了时间又浪费了财物，而且也影响士气。叛军约有三万人，按常理应出兵六万。但羌兵武器不精，给我四万兵马，一个月内便可以平定叛乱。”

一旁的丞相、御史、两大将军却认为眼下正是秋收大忙之时，不能多征发百姓出征，发兵一万，去边地驻防就够了。冯奉世坚持自己的意见，他说：“天下饥荒，战士和战马都处于饥饿疲羸状态，战备物资十分缺乏，周边各少数民族不把汉朝边地官员看在眼里，所以羌人敢于反叛。如果只派一万人分散到边境地方驻屯，敌人看到汉军兵少，肯定不会有畏惧之心。这样去打仗会败军丧师，按兵不动则不能拯救百姓。那时我们的弱势就暴露无遗，已经动乱起来的羌人还会煽动别的部族一起反叛，届时再调发军队恐怕就不止四万，也不是有钱粮就能解决问题的了。与其少发兵马而造成战事旷日持久，不如多发兵马一举成功。”他的意见没有被采纳，汉元帝只同意将出征兵员由一万增至 1.2 万人。

冯奉世只好带这批兵马，以典属国任立、护军都尉韩昌为副将，以屯田为名出征。到了陇西，分兵三处屯驻：典属国任立为右军，驻军白石；护军都尉韩昌为前军，驻军临洮；冯奉世自为中军，屯兵首阳（今甘肃渭源东北）西极山。前军到达降同坂，派出两名校尉，其中一名率军与羌人争夺有利地形，另一名率军去广阳谷搭救被掠民众。羌人众多，两路人马皆败，两名校尉被杀。各处驻屯的将军都感到势单力薄，不敢轻易出动，汉军首尾不能相顾，情势果如冯奉世之前所料。

冯奉世绘制了地图，标明敌我军力对比，并写好作战计划，报奏朝廷，希望增兵3.6万人。元帝发兵6万，任命太常弋阳侯任千秋为奋武将军，带兵增援。冯奉世上书：只要6万兵马，不需要派遣大将。这年十月，援军到达陇西。十一月，援军与冯奉世先前所率将士会合，一举大破羌人，斩杀捕获叛兵8000多人，缴获马牛羊数万头，其余羌人都逃到塞外，陇西叛乱终于得到平息，由长安西行的道路复归安宁。

次年二月，冯奉世班师回朝，封爵为关内侯，调任左将军，继续担任光禄勋，又受食邑500户，黄金60斤。他的儿子冯野王担任了左冯翊，他的长女被元帝纳为昭仪，很受宠爱，生中山孝王。

却说乌孙自分立大、小昆弥后，乌孙局势一直不稳，如何安定乌孙成为汉的难题。匈奴势力退出西域后，乌孙国内部的矛盾趋于激化。元贵靡子星靡是汉朝的外甥，被立为大昆弥，汉朝自然极力扶持。但他年幼懦弱，冯嫽上书，愿出使乌孙以稳定西域。冯嫽至乌孙时，西域都护是韩宣，他上奏朝廷，乌孙大吏、大禄、大监皆可以赐金印紫绶，以尊辅大昆弥，朝廷答应了。韩宣又上奏，说星靡怯弱，应该罢免，另立他的叔父左大将乐为大昆弥，朝廷这次没有答应。不久，段会宗接替韩宣为西域都护，招还乌孙国逃亡和流散的人，使乌孙重新恢复了安定局面。

星靡去世，他的儿子雌栗靡代为大昆弥。小昆弥乌就屠死，其子拊离继位，又被其弟日贰所杀。汉朝派人至乌孙，立拊离的儿子安日为小昆弥。日贰逃亡，到康居与汉朝对抗。汉朝调已校尉驻屯姑墨，想寻找机会消灭日贰。安日派贵人姑莫匿等三人诈亡，至康居，跟从日贰，寻机刺杀了日贰。西域都护廉褒表彰姑莫匿等人，每人赐金20斤，缯300匹。

不久，小昆弥安日又被降民所杀，汉朝立其弟末振将为小昆弥。此时，大昆弥雌栗靡勇健，手下诸王、翕侯都畏惧信服他，国中安定，恢复了翁归靡时的局面。小昆弥末振将担心被大昆弥兼并，派贵人乌日领诈降，刺杀了大昆弥雌栗靡。汉朝想派兵征讨，又觉得条件不够成熟，便派中郎将段会宗带金币，与西域都护商讨策略，立雌栗靡季父的外孙伊秩靡为大昆弥。

后来，大昆弥翕侯难栖杀死小昆弥末振将，末振将的侄子安犁靡代为小昆弥。汉朝遗恨没有出兵诛杀末振将，元延二年（前11），成帝又派段会宗斩其太子番丘。段会宗还朝，赐爵关内侯。段会宗认为翕侯难栖杀死末振将，不仅是为了汉朝，也合于讨贼之义，便上奏朝廷，任命他为都尉。又以雌栗靡被杀为由谴责大禄、大吏、大监未能尽责，夺金印紫绶，换为铜印墨绶。末振将弟卑爰疐因参与谋杀大昆弥，心中害怕，便率众8万余人向北依附康居，想借康居兵兼并大、小昆弥。卑爰疐势力发展壮大了，大小昆弥都怕他，不得不仰赖西域都护的保护。

哀帝元寿二年（前1），大昆弥伊秩靡与匈奴呼韩邪单于并入朝，汉朝感到很荣耀。至元始中，卑爰疐杀死汉朝的敌人乌日领，立功赎罪，汉封他为归义侯。但此时乌孙大小昆弥都很懦弱，卑爰疐依仗兵力强盛，欺负他们。汉朝不希望强悍的卑爰疐威胁到汉朝在西域的统治，为了保证乌孙大小昆弥依附汉朝，西域都护孙建统兵袭杀卑爰

楼兰古城遗址

疐。这应该是一场大战，但未见史书记载具体过程。

总的来说，这一时期，当西域有战事时，汉西域都护可以调发诸国兵力进行征伐，如天汉二年、征和四年、地节二年击车师，常惠击龟兹和冯奉世击莎车等几次军事行动，皆曾调发西域诸国兵，既起到杀一儆百的作用，又可节省军旅之费。

此外，汉朝还通过授予诸国王侯以汉室印绶官号的方法，利用他们控制西域。西域各国皆“利汉财物”，汉朝则利用此种心理和需要，赂遗施惠，以汉之财物特别是丝绸相赠，以结好其统治者，达到联络的目的。张骞至大宛，“大宛闻汉之饶财，欲通，不得，见骞喜”。张骞则告诉大宛王：“唯王使人导送我，诚得至，返汉，汉之赂遗王财物，不可胜言。”大宛王贪慕汉朝财物，为发导译。后来张骞出使乌孙，携金币绢帛价值“数千巨万”，目的便是“厚币赂乌孙，招以益东”。大宛贵人蝉封立为王，汉则“赂赐以镇抚”。汉武帝巡狩海上，有外国客使相从，“散财帛以赏赐，厚具以饶给之”。又如常惠赐乌孙贵人，张遵赐狂王，冯燎赐城郭诸国。细君嫁时，“赠送甚盛”。尉屠耆归国，绛宾来朝，皆有厚赐。

对于愿意内属的西域各国，汉朝则要求他们遣子为质或入侍。质子和侍子能够起到人质的作用，也是培养亲汉势力的机会。汉元帝时，莎车王曾入汉为侍子，“长于京师，慕乐中国”。返国为莎车王，立国参用汉之“典法”，“常敕诸子，当世奉汉家，不可负也”。汉朝还曾以兵护送楼兰国侍子回国为王，以取代亲匈奴势力的旧王。

西汉王朝的这些措施，有力地打击了匈奴在西域的势力，争取到西域各国的亲附，维护了西域的稳定和丝绸之路的通畅。特别在南匈奴降汉、北匈奴被击灭以后，汉朝在西域的统治日益巩固，但这一良好局面，后来却由于王莽的失策而宣告瓦解。

第五章

匈奴的衰落

汉朝夺取西域，匈奴受到了沉重打击，其下场就是走向衰落。代表匈奴走向衰落的是两个单于：一个是呼韩邪单于，他的表现是投降汉朝；另一个就是郅支单于，他的表现是对抗汉朝。前者使匈奴由一个活跃在草原地带的强大游牧部落变成了汉朝属国，后者剽悍残暴，最终被消灭殆尽。

一 匈奴分裂与郅支单于

与汉朝对抗的郅支单于是虚闾权渠单于的长子，呼韩邪单于的哥哥。

宣帝地节二年（前68），虚闾权渠继位后，娶右大将的女儿为妻，贬黜了壶衍鞮单于宠爱的颛渠阏氏。颛渠阏氏被冷落，心中怨怼，遂与右贤王栾提屠耆堂私通。

虚闾权渠单于死后，一直怀恨在心的颛渠阏氏终于等到了复仇的机会。她与时任左大且渠的弟弟都隆奇合谋，发动政变，拥立右贤王栾提屠耆堂登上单于之位，号称握衍朐鞮单于。颛渠阏氏的阴谋引起匈奴内部分裂，造成匈奴先后出现五单于争立的情况，混战不断。

握衍朐鞮单于即位后，大肆屠杀异己，匈奴王廷充满了血腥气味，日逐王先贤掸处境险恶，率部投靠汉朝，虚闾权渠的次子稽侯狦不能继单于位，悲愤恐惧，只好逃到岳父乌禅幕处避难。两年后，他在左地贵族的拥戴下自立为单于，号称呼韩邪单于，率领左地兵马五万人击败众叛亲离的握衍朐鞮，夺取了单于廷。他又找到了流落民间长达两年之久的呼屠乌斯，封为左谷蠡王。由此看来，呼屠乌斯和稽侯狦两兄弟感情较深，稽侯狦自立单于、夺取王廷之前，呼屠乌斯还是个无名之辈。呼韩邪自立后东征西伐，铲除劲敌屠耆单于、捕杀刚刚起步的乌籍单于，呼屠乌斯能征善战，屡立战功，晋升为左贤王。

两年后，羽翼丰满的呼屠乌斯自立门户，号称郅支骨都侯单于，由此终于发展为呼韩邪单于和郅支单于兄弟俩的相互攻伐。由此可知，匈奴的衰落固然跟汉朝、乌孙等国长期的军事打击以及自然灾害有关，更重要的还是其内部矛盾斗争削弱了自身的力量。

甘露元年（前 53），呼韩邪单于在与郅支单于攻伐混战、走投无路的情况下归附汉朝，被称为南匈奴。第二年，呼韩邪单于至五原塞，通过汉朝守边的将士，向汉朝请求在甘露三年正月朝见汉天子。朝廷派都尉韩昌迎接，调发过所七郡 2000 骑兵，列道迎接。

甘露三年正月，呼韩邪单于朝见汉天子于甘泉宫，汉朝以特殊的礼节接待他，位在诸侯王之上。单于自请留居塞下，如果边境有紧急情况，愿替汉朝保卫受降城，但被婉拒。朝廷派长乐尉高昌侯董忠、车骑将军韩昌率 1.6 万骑兵，又调发数以千计的边郡兵马，送单于出朔方鸡鸣塞，并命令董忠等人驻兵于此护卫单于，帮助他消灭不接受单于统治的人。汉朝又两次转运边境地区的军粮，多达 3.4 万斛，供应呼韩邪单于所部。

与此同时，郅支单于一支被汉朝称为北匈奴。他也遣使入汉，进奉贡物，汉朝对其使节的待遇也很优厚。

甘露四年（前 50），呼韩邪单于入朝，汉朝对他的礼数和赏赐一如往常。呼韩邪单于回去时，因为汉朝北方边塞已有驻兵，所以不再调发骑兵相送。郅支单于的态度却因此发生变化，他不愿意像弟弟那样向汉朝屈服，他想振兴衰落的匈奴民族，于是走上了与汉朝对抗的道路。

呼韩邪降汉，身体病弱，郅支单于以为他可能一去不还，便率兵西征，想平定匈奴右地，称霸草原。屠耆单于的小弟原先在呼韩邪单于手下做事，大约在甘露四年，逃亡至右地，收集两兄残余兵马数千人，自立为伊利目单于，路上与郅支单于相遇。交战中，郅支单于杀死伊利目单于，合并其兵马，兵众达 5 万多人，声势转盛。

郅支单于听闻呼韩邪单于从汉朝又回到匈奴，汉朝还派遣韩昌、董忠两名大将率领 1.6 万精骑护送呼韩邪单于，帮助他铲除异己，郅支单于心生畏惧，不敢回到漠北王廷。他自度无力对抗呼韩邪单于，继续西进，但他也不敢向塔里木盆地靠近，那里为汉朝西域都护所管辖，他只能向更西北的乌孙发展。

郅支单于想联合乌孙小昆弥，进攻亲汉的大昆弥，于是遣使小昆弥乌就屠。乌就屠看到汉朝支持呼韩邪单于，郅支单于在流亡中，便想攻击郅支单于以讨好汉朝，他杀死郅支单于的使节，把他的头送到汉朝西域都护府，同时调发 8000 名骑兵迎击郅支单于。

郅支单于见乌孙小昆弥来兵凶猛，自己的使节又没有返回，察觉出小昆弥的阴谋，勒兵击败小昆弥的军队。他不敢久留乌孙边地，只好继续向西北进军，乘胜北击乌揭国，乌揭王投降。郅支单于再发兵西破坚昆国，坚昆人即现在吉尔吉斯族的祖先，其方位在今叶尼塞河上游至阿勒泰一带。郅支单于又向北征服丁零国，丁零即敕勒人，生活在贝加尔湖附近。兼并三国之后，郅支单于在北方草原和西域的势力进一步壮大。为了远避汉朝锋芒，他驻守坚昆，把这里作为单于庭，多次遣兵打击乌孙。

元帝初继位，呼韩邪单于上书，言民众困乏。朝廷又命云中郡和五原郡转运粮食 2 万斛供给。郅支单于自以为远离汉朝，又怨恨汉朝支持呼韩邪部，便遣使入汉，上书要求汉朝遣还其质子。汉朝派谷吉送郅支单于的质子，但谷吉一到单于庭，郅支单于便把他杀了。

郅支单于情知与汉朝结仇，又听说呼韩邪单于势力日益增强，害怕呼韩邪单于和汉朝联手攻打他，想躲得更远。元帝初元五年（前 44），康居王因被乌孙所困，想联合郅支单于夹击乌孙。郅支单于便引北匈奴踏上西迁康居之路，途中遭遇寒流，随行部属大半冻死，仅余 3000 人到达康居，在康居东部筑城而居。此后，郅支单于数击乌孙，又勒索大宛等国，令其每岁纳贡，西北各草原民族纷纷投靠他。

为获得支持，康居王将女儿嫁给郅支单于做阏氏，郅支单于也嫁女给康居王。郅支单于向康居借兵袭击乌孙，深入到赤谷城，杀掠人口，抢夺牲畜财物。乌孙军力弱小，只好远远逃避，致使西部千里之远的地域空无人居。郅支单于自以为大国之主，完全不把康居王放在眼里，杀死康居王女及贵族百姓数百人，又把尸体肢解扔进都赖水。他征发百姓筑城，每天 500 人，又派出使者到阖苏（即奄蔡国）、大宛等国，胁迫他们年年进贡。汉朝曾三次派使者到康居，索要汉使谷吉等人的尸体，郅支单于狂妄至极，非但不给，反以嘲讽的口吻说："我在这里住得很不舒服，正打算归附你们汉朝，把儿子送去做人质，享受那里的好日子呢！"言外之意是正想打到汉朝去。

在此情况下，名臣陈汤登台了。陈汤（？—约前 6），字子公，山阳瑕丘（今山东兖州北）人。汉元帝时，他任西域副校尉。陈汤从小喜欢读书，善写文章，笔思敏捷。但因家庭贫困，不得不靠乞讨借债度日，有时免不了干点儿越轨的事，所以被乡里人瞧不起。陈汤为求功名，到长安求官，担任太官献食丞的职务，后来认识了富平侯张勃，张勃发现他有才能，十分器重他。初元二年（前 47），元帝下诏要求公侯大臣举荐年轻才俊，张勃便向朝廷推荐了陈汤。在尚未任命的时候，陈汤的父亲去世，他听到了死讯，因为不想放弃在长安做官的机会，就没有奔丧回家。那个时代对奔丧、守孝十分看重，这事被人检举，张勃以荐举不实受到谴责，朝廷削减了他的食邑二百户，后来张勃去世，朝廷还给他一个"缪侯"的恶谥，同时将陈汤拘捕下狱。也算陈汤运不该绝，他再一次经人举荐，被任为郎官。陈汤多次自请出使外国，终于在建昭三年（前 36），被任为西域都护府副校尉，与校尉甘延寿奉命到西域驻守。

陈汤为人深沉有谋，追求建奇功于异域。现在既然担负了领护西域的重任，便想借此机会建立不世之功。赴西域途中，每路过城镇或高山大川，他都登高远望，认真观察地形。他对甘延寿说："夷狄之国，都害怕大族，出于本性。西域本属匈奴，而郅支单于威名远闻，侵凌乌孙、大宛等国，经常为康居谋划，想征服乌孙和大宛两国。如果匈奴征服了这两个国家，向北征服伊列（今新疆伊犁草原一带），向西征服安息，向南驱逐月氏、乌弋山离（在今阿富汗南部），只需要几年时间，西域城邦诸国就有脱离汉朝的危险。而且郅支单于剽悍残暴，好战，屡获大胜。任其发展，必然造成西域的祸患。虽然距离遥远，远征困难，但他没有可以坚守的城池，也没有善使强弩的将士，如果我们召集屯田戍边的兵卒，再调发乌孙等国的军队，兵临其城下，他逃跑无藏身之处，守城则不能自保，一日之间可以建立千古留名的大功！”

甘延寿认为他的分析很有道理，但要奏请朝廷批准。陈汤说：“这是一种非同寻常的行动，那些朝廷公卿都是些凡庸之辈，一经他们讨论，必然认为不可行。”甘延寿很犹豫，不肯听从陈汤的意见。但当时正好他病了，卧床不起。陈汤便自己假托朝廷的命令，调集西域诸国军队和汉朝在车师屯田的士兵。甘延寿在病榻上听到这一消息，大吃一惊，想制止陈汤的举动。陈汤大怒，手握剑柄，呵斥甘延寿：“大军已经会集，你小子想破坏士气吗？”甘延寿只好依从他，增置扬威、白虎、合骑三校尉，分统各路兵马 4 万多人，部勒行阵，统一号令，在向朝廷上奏的同时，分头出发进军。

他们把大军分为六校，三校从南道逾葱岭（喀喇昆仑山脉西部），经大宛，直指康居；另三校从温宿国（今新疆温宿、乌什境内）出发，从北道进入赤谷城，过乌孙，进入康居国界，至阗池西。阗池是西域湖名，即今吉尔吉斯斯坦伊塞克湖。

此时，康居副王抱阗率数千骑兵，侵入乌孙赤谷城东进行劫掠，杀死掳获大昆弥部众 1000 多人，抢掠牲畜财产甚多，并从后方与汉军相接，寇盗汉军的粮草辎重。陈汤指挥西域军队进击，活捉了抱阗

江布尔州（古地名为郅支城）风光

贵人伊奴毒，杀死抱阗手下 460 人，夺回其所掠乌孙百姓 470 人，归付大昆弥，其马、牛、羊则用来供应军食。在康居国东部，陈汤传令各军，严守军纪，不得寇盗。又派人请当地贵人屠墨会见，让他见识汉军军威。陈汤告诉他汉朝向来讲守信用，并与他饮酒结盟，放他回去。在离单于城大约 60 里，陈汤驻扎下来，又捕获康居贵人贝色子的儿子开牟。贝色子就是屠墨的舅舅，他们都怨恨郅支，愿做向导，于是陈汤从他们口中知道了郅支的详细情况。

大军继续前进，在离单于城 30 里驻扎下来。郅支单于派人来问："汉兵为什么到此地来？"陈汤、甘延寿回答："单于上书说在这里生活不舒服，希望归附汉朝，并要亲自入朝拜见皇上。汉天子同情单于离开匈奴，屈居于康居，所以派都护将军来迎接单于妻子，担心惊动你，所以没有敢到城下。"这样的外交辞令往复几番后，甘延寿和陈汤不耐烦了，责备郅支："我们为单于远道而来，这么多天没有看到你手下的人来接受使命。单于为什么不顾大局，而失主宾之礼？大兵远道而来，人马都疲累到极点，带的粮草也快吃光了，可能无法回去了。希望单于与大臣好好商量一下怎么办？"

随后大军便直抵郅支城都赖水边，在距城三里远的地方安营布阵。郅支单于派 100 多名骑兵在城下来回奔驰，还直冲汉军营阵，陈汤、甘延寿命令士兵发箭射城门外的骑兵和步兵，那些步骑兵都退入城内。甘延寿、陈汤命令战士听到鼓声，前进到城下，四面围城，按照各自的方向攻城，汉军挖地道，堵城门，卤楯（大盾，遮挡刀箭的防御性武器）为前，戟弩为后，仰射城中楼上，楼上士兵从城墙上跑下。土城外有重木城，城中人从木城中向外射，射死不少攻城的士兵。攻城的士兵放火烧木城。至夜，郅支手下数百骑兵想冲出城外，被汉军弓弩手迎面猛射，全部消灭。

起初，郅支单于得到汉军远来的消息，打算逃跑，他怀疑康居人对他怀恨在心，会做汉军内应。他带了一些人已经出城，又听说乌孙等国也发兵参战，便有走投无路之感，不得不返回来。当汉兵猛烈攻城时，郅支身穿甲衣，率阏氏夫人数十人登上城楼，阏氏夫人都拉弓射箭。但汉军利箭如雨，郅支的鼻子被飞箭射中，阏氏夫人有不少被射死，郅支不得不狼狈逃下城楼。

大半夜的时候，木城被烧毁，城中人退入土城，登上城头高呼。康居1万多名骑兵分为10多处，四面环城，也与城中人互相应和，乘夜进攻汉军的军营，汉军不利，退却。第二天天亮，土城四面火起，汉军大喜，高喊着口号乘乱进攻，鼓声惊天动地。康居兵被汉军的声势吓退。汉兵四面推卤楯前进，进入土城中，郅支单于率贵族100余人逃入宫内。汉兵纵火，争先杀人，郅支单于身受重伤而死。军候假丞杜勋斩下他的头，找到汉朝使节二枚和谷吉等人所赍帛书。入城将士则搜捕、诛杀了郅支单于的妻妾、太子以及王公等，共1518人，生擒官吏145人，俘虏1000余人，都交给了参与打击郅支的小国军队。

甘延寿、陈汤向朝廷发去报功的奏疏，之后，带领将士踏上回朝之路，途遇从朝廷来的司隶校尉。他们拦住陈汤，对他进行搜查。陈汤向来贪财，攻克郅支城后，缴获了大量财物，趁机中饱私囊。知情者向朝廷举报此事，所以朝廷派司隶校尉拘捕他。陈汤上书朝廷：“我与将士们浴血奋战，消灭了郅支单于，朝廷应派出使者来慰劳，现在却令司隶校尉来检查审问，还要拘捕我，这不是为郅支单于报仇吗？”元帝下令撤回司隶校尉，并令沿路县城摆设酒食，夹道欢迎得胜之军。

元帝下诏赦免甘延寿、陈汤的矫诏之罪，又让大臣讨论封赏事宜，最终封甘延寿为义成侯，陈汤为关内侯，各赏食邑 300 户、黄金 100 斤，并拜甘延寿为长水校尉，陈汤为射声校尉。

郅支单于死于建昭三年（前 36），他的死标志着匈奴第一次分裂的结束，也标志着西汉王朝自汉武帝以来对匈奴反击战的彻底胜利。而以呼韩邪单于降汉为标志，匈奴由一个活跃在北方草原地带的强大游牧部落联盟变成汉朝的藩属。

二 呼韩邪降汉与昭君出塞

呼韩邪单于在汉朝帮助下，重新统一了匈奴。元帝竟宁元年（前 33），汉元帝以宫人王嫱嫁呼韩邪单于，结束了百余年来汉与匈奴之间的军事冲突，恢复了旧日的和亲关系。昭君出塞对汉朝与匈奴长期保持友好关系起到了重要作用，其故事千古流传。

王昭君约于汉宣帝甘露二年（前 52）出生于南郡秭归县宝坪村（今湖北宜昌兴山昭君村），名嫱。传说其父王穰老来得女，视为掌上明珠。昭君天生丽质，聪慧异常，擅弹琵琶，琴棋书画，无所不精。建昭三年（前 36），汉元帝选妃，普天下海选秀女，昭君脱颖而出，进宫成为掖庭待诏。

汉元帝后宫妃嫔极多，只凭画师毛延寿画像接见。后宫妇女纷纷贿赂毛延寿，期以美丽的画像而受到元帝宠幸。昭君自恃貌美，不肯贿赂画师，毛延寿便点破她的画像，因此不得见元帝。竟宁元年，呼韩邪单于对汉称臣，并请求和亲。昭君居冷宫三年，请求出嫁匈奴。呼韩邪临辞大会，昭君丰容靓饰，上殿辞君，元帝大惊，不知后宫竟有如此美貌之人，意欲留之，又难于失信，只得赏给她锦帛 2800 匹、絮 1.6 万斤，及黄金、美玉等贵重物品，并亲自送出长安十余里。据说，元帝为此怒杀毛延寿。

昭君告别故土，登程北去，她肩负着汉匈和亲之重任，别长安，出潼关，渡黄河，过雁门，历时一年多，于次年初夏到达漠北，受到匈奴人民的欢迎和爱戴，被呼韩邪单于封为“宁胡阏氏”，意为匈奴有了汉女作“阏氏”，安宁始得保障。

元帝怒杀毛延寿之事，未必真实，但后世流传不衰。

王昭君毕竟是古代一位普通的女子，有自己的情感，她思念家乡，牵挂家人。我们现在还能看到她写给汉元帝的一封信，信里她并没有高喊爱国口号，充满乐观情绪，而是充满哀怨，希望朝廷照顾她的父亲和弟弟。《王嫱报汉元帝书》释意如下：

> 臣妾有幸被选入陛下的后宫，本想以自己的贱躯进献给陛下，死后也会留下芳名。不料遭到画师毛延寿的报复，只好远嫁异国绝域。我以真诚的心意报答陛下，哪里还敢怜惜自己？遗憾的是匈奴国内形势变化难以预料，单于去世，我只能移情于卑贱的女工手艺消磨时光，天天向南遥望汉朝的边关，徒然加重悲伤郁结的愁情。臣妾家乡还有父亲和弟弟，希望陛下稍施怜悯，照顾他们。

昭君出塞后，汉匈和好，国泰民安，半个多世纪内边境地区呈现出一派和平景象。《汉书》卷九十四《匈奴传》记载，“边城晏闭，牛马布野，三世无犬吠之警，黎庶忘干戈之役”。王昭君出塞和亲，增强了汉族与匈奴之间的民族团结，符合汉族和匈奴人民的共同利益，成为我国历史上流传不衰的佳话。

左伊秩訾的哥哥呼衍王的两个女儿也都是呼韩邪单于的阏氏，受到宠爱。大女儿称颛渠阏氏，生两个儿子，大儿子叫且莫车，二儿子叫囊知牙斯。二女儿称大阏氏，生四个儿子，老大即为呼韩邪单于的长子雕陶莫皋，老二且麋胥，都比且莫车年龄大，两个小儿子一个叫咸，一个叫乐，都比囊知牙斯小。还有其他阏氏生的儿子，共有10多个，包括王昭君生的伊屠智牙师。颛渠阏氏尊贵，她的大儿子且莫车也深受单于的宠爱。呼韩邪单于病重之时，考虑让且莫车继位。

颛渠阏氏颇以大局为重，她说：“十多年来，动乱像不断生长的头发一样，持续连绵，幸亏得到汉朝的帮助，匈奴才得以安定。且莫车年纪尚幼，百姓们未必归心，如果让他继位，恐怕会使匈奴再度陷于动乱。我与大阏氏是亲姊妹，生的儿子都一样亲，不如立雕陶莫皋为单于。”颛渠阏氏想得十分周密，雕陶莫皋是自己的亲外甥，权力并没有落入外人之手。

妹妹大阏氏也非常通情达理，她说：“且莫车虽然年纪小，有大臣们帮着处理国家大事，不会影响稳定局面。如果舍弃尊贵的，拥立卑贱的，恐怕以后还会出乱子。”呼韩邪单于最后听从了颛渠阏氏的建议，立雕陶莫皋为单于，并且立下约令，要他将来把单于之位传给弟弟，因为匈奴单于之位是兄终弟及的。

成帝建始二年（前31），呼韩邪单于去世，与昭君留下一子，名伊屠智牙师，后成为匈奴右日逐王。王昭君以大局为重，按照匈奴“父死，妻其后母”的风俗，再嫁给呼韩邪单于的长子复株累单于雕陶莫皋，生二女，长女须卜居次，次女当于居次。匈奴称公主或王侯之妻为“居次”。须卜、当于都是其出嫁后的夫家姓氏。

雕陶莫皋继位，称为复株累若鞮单于，匈奴语中称“孝”为“若鞮”。自呼韩邪单于之后，匈奴与汉朝关系亲密，看到汉朝皇帝的谥号称为“孝”，十分羡慕，所以单于都加上“若鞮”，类似于汉朝“孝文帝”、“孝景帝”、“孝武帝”之类。复株累若鞮单于继位后，派儿子右致卢儿王醯谐屠奴侯到汉朝做质子，任命且麋胥为左贤王，且莫车为左谷蠡王，囊知牙斯为右贤王。

汉成帝河平元年（前28），复株累若鞮单于派右皋林王伊邪莫演等人，来汉朝进献贡品，参加正月元旦朝拜。大朝完毕，汉朝派人护送伊邪莫演等人归国，到了蒲阪县（今山西永济西）。在这里，伊邪莫演提出了一个让汉使为难的要求：他要投降汉朝，留在汉朝避难。

伊邪莫演说：“我想投降汉朝。如果汉朝不接受，我就死在这里，无论如何我也再不回匈奴了。”这样影响两国关系和政治大局的事情，汉朝使者不敢做主，只好回来报告朝廷。成帝把这事交给大臣们进行讨论。有人说应该遵守惯例受降，但光禄大夫谷永、议郎杜钦不同意，他们写了一道奏章，释意如下：

汉朝建立以来，匈奴屡次犯边为害，我们才设置爵位和黄金之厚赏，招徕匈奴人投降。如今单于对汉朝十分恭顺，屈膝向汉朝称臣，成为大汉北部的藩国，派使者到汉朝朝拜祝贺，对汉朝不存二心。汉朝对待来降的匈奴人，应该与以往不同。如果我们一边接受单于忠诚的聘问与贡品，一边又接受他们叛逃的大臣，其结果是贪得一人之降，而失一国人之心；礼遇和支持匈奴有罪之臣，而抛弃向慕仁义的单于。假如单于刚继位，想亲近汉朝，又不知道汉朝对他的态度如何，派伊邪莫演假投降，以试探将来的吉凶，我们接受了投降，那便于德有亏，破坏了单于的善意，并使单于疏远我们，改变对我们边塞上官吏的友好态度；或者是有人使反间之计，想借此在我们之间制造嫌隙，如果我们接受了投降的人，就正好中了他的奸计。如果匈奴人指责我们做得不对，那理亏的就是我们。这实在是危害边境安定的根源，动兵用武的祸端，对此不能掉以轻心，必须详察。最好不受降，向匈奴昭示我们如日月般不可改变的信用，抑制欺诈奸邪的阴谋，保护那些归附亲近汉朝的人，这样对我们有利。

成帝认为他们说得有理，便听从了他们的建议。为了慎重起见，又派中郎将王舜前去询问伊邪莫演为何归降伊，邪莫演不敢再说投降的事，他说：“那是我犯了狂病，胡说一气罢了。你们不要当回事。”汉朝便打发他回去了。伊邪莫演回到匈奴后，官位与原来一样，但单于不肯再让他见汉朝使者。伊邪莫演请降的动机，对汉朝来说一直是个谜。汉朝的做法，显示了朝廷对汉匈关系的重视，珍惜来之不易的和平局面，尽量避免彼此发生误会。

第二年，复株累若鞮单于上书汉成帝，希望在河平四年（前25）正月朝拜汉天子。成帝答应了他的请求。这次，汉朝额外赏赐给他锦绣缯帛2万匹，粗丝绵2万斤，其他赏赐如竟宁年间一样。复株累若鞮单于在位10年，鸿嘉元年（前20）死去，传位给弟弟且麋胥，称为搜谐若鞮单于。

搜谐若鞮单于派儿子左祝都韩王朐留斯侯入朝为侍子，任命且莫车为左贤王。按匈奴王廷惯例，左贤王是候补单于。搜谐单于在位8年。成帝元延元年（前12），他准备到汉朝参加第二年正月元旦的朝贺，还没进入边塞就得病死了。弟弟且莫车继位为单于，称为车牙若鞮单于。

车牙若鞮单于派儿子右于涂仇掸王乌夷当入朝为侍子，任命囊知牙斯为左贤王。车牙若鞮单于在位4年，成帝绥和元年（前8）去世，传位给弟弟囊知牙斯，称为乌珠留若鞮单于。

乌珠留若鞮单于即位后，派儿子右股奴王乌鞮牙斯入朝侍奉汉天子，立与第二阏氏生的儿子乐为左贤王，立与第五阏氏生的儿子舆为右贤王。汉朝派中郎将夏侯藩、副校尉韩容出使匈奴。

当时，汉成帝的舅父、大司马、骠骑将军王根主管尚书省事务，有人向王根建议："匈奴有一座山陡入汉地，正对着张掖郡，其地生长奇异的木材，添上鸶羽非常适合做箭竿。如果能够得到这块地，可以让边地获得经济收益，国家可以收到扩展土地的实利，那将是将军显著的功绩，留名后世。"王根转告成帝，成帝被他说得动了心，也很想要这块地，但怕匈奴不答应，有伤面子。王根就把皇帝的意思告诉出使匈奴的夏侯藩，让他以个人的名义向乌珠留单于透露汉朝的要求。

西汉兵马俑

夏侯藩寻机劝告乌珠留单于："匈奴有一座山与汉地连接，陡入汉朝地界，正对张掖郡。在那里，汉朝有三个都尉率领几百士兵驻扎在塞上，十分寒苦，值班当哨长久辛劳。单于您应该上书汉天子，贡献出这块地方，这样会省去汉朝驻守的三个都尉和几百士兵，以报答汉天子对匈奴的厚恩，汉朝的回报也会十分厚重。"

乌珠留单于问："这是汉天子的诏令呢，还是使者您的请求呢？"夏侯藩说："是天子的旨意，不过我也是为单于您着想，出个主意罢了。"乌珠留单于说："孝宣皇帝、孝元皇帝可怜我父亲呼韩邪单于，答应长城以北归匈奴。但那里是温偶骁王的辖地，我不知道那里的地形和物产，请让我派人去询问一下，再给汉朝答复。"

乌珠留单于很珍视双方的关系和友谊，但他实在舍不得将这块地方当作礼物送人。夏侯藩、韩容再次出使匈奴，再次向单于提出要这块地。乌珠留单于说："我父兄相传已有五代，汉朝从没要过这块地，为什么我做了单于才来要呢？我已派人问过温偶骁王，匈奴西部诸侯王做毡帐和车辆，都要靠这座山上的木材。况且它是匈奴先辈留下的地方，我不敢丢失。"

夏侯藩回来后，升迁为太原太守。乌珠留单于派使者来汉朝上书，把夏侯藩向匈奴索要土地的情况告诉成帝。成帝下诏告知乌珠留单于："夏侯藩擅自假托天子诏旨，向单于索要土地，按法应当处死。但因为已经经过两次大赦，免其一死，把他贬为济南太守，不许他驻扎在靠近匈奴的地方。"匈奴拒绝汉朝索地的请求，汉朝不加怪罪，也是因为珍视长久以来的汉匈友好关系。

第二年，乌珠留单于入朝侍奉的儿子死了，归葬匈奴。乌珠留单于又派儿子左于骁仇掸王稽留昆入朝侍奉。

哀帝建平二年（前5），乌孙昆弥的庶子卑援疐翕侯的部众进入匈奴西部边界，抢掠牛羊牲畜，杀了许多匈奴人。

乌孙人的天锅

乌珠留单于听说后，派左大当户乌夷泠率领5000骑兵进击乌孙国，杀死乌孙数百人，掳掠1000多人，把乌孙抢走的牛羊又驱赶回匈奴，他还强迫卑援疐派儿子趋逯到匈奴做人质。汉朝以匈奴与乌孙同为汉朝属国，不许其擅受质子，派中郎将丁野林、副校尉公乘音出使匈奴，责备单于，要求他把卑援疐做人质的儿子送回去。乌珠留单于也很听话，把人质放了回去。

建平四年（前3），乌珠留单于上书汉朝，希望参加第二年正月元旦汉朝的朝贺典礼。哀帝正患病，有大臣说，单于来朝不吉利，认为匈奴人从汉朝上游来，会带来祸祟。自从黄龙、竟宁年以来，单于每次到汉朝来朝拜，之后总会有皇帝或国戚亡故。黄龙元年单于入朝，十二月宣帝驾崩；竟宁元年单于入朝，五月元帝辞世。

哀帝感到十分为难，便征求公卿大臣们的意见。大臣们认为让单于来朝拜，空费钱财金帛，暂且不要答应单于的要求。单于的使者要回匈奴了，还没有动身，黄门郎扬雄上书朝廷，认为应该答应单于的要求，他劝谏的奏章释意如下说：

> 单于上书要求朝见陛下，陛下不允许，我认为汉朝与匈奴从此便要发生嫌隙了。……单于仰慕仁义，以诚恳之心归化，离开王庭，觐见陛下。这是前世流传下来的方略，先帝神灵所希望的事情，国家虽然要破费些钱财，也是不得已的事情。怎么能用会带来祸祟的话予以拒绝，用没有期限的日子去疏远他，抹杀往日的恩义，造成将来裂痕！……一旦两国有了裂痕，即

使有足智多谋的谋士在朝廷劳神费心、出谋划策，即使有能言善辩的说客整日在外奔走游说，也不如在事情还没有发生之前就避免祸端的发生。以往我们谋取西域，控制车师，建设城郭，设置都护，统领保护西域三十六国，一年花费的钱财数以百万计，难道是为了防备康居、乌孙越过白龙堆而侵掠西部边境吗？都是为了制服匈奴啊！百年辛劳打下的基础，一天之内全部丧失，花费十钱却吝惜一钱，我为国家的安危担忧。希望陛下考虑在事情没有陷于混乱、战争没有发生以前就采取适当的策略，从而遏制边境上可能萌生的灾祸。

哀帝看了扬雄的奏章，立刻派人召回匈奴使者，允许单于入朝拜见。朝廷赏赐给扬雄帛 50 匹，黄金 10 斤。乌珠留单于还没有出发便生病了，又派使者来说希望能在下一年入朝晋见。按照过去的旧例，单于来汉朝拜，允许自名王以下 200 多人跟随入朝。乌珠留单于上书皇帝说："承蒙天子神灵保佑，匈奴人民强壮众多，希望能允许我带 500 人去朝见天子，以昭明天子的盛大仁德。"匈奴来人越多，意味着汉朝赏赐他们的钱物越多，但汉廷全都答应了单于的要求。

元寿二年（前 1），乌珠留单于来汉朝晋见，同样以国王身份入朝的还有乌孙大昆弥伊秩靡，汉朝认为这是件非常荣耀的事情。这时，西域五十国入朝的译长、王侯将相 376 人，他们都佩戴着汉朝颁发的官印和绶带。康居、大月氏、安息、罽宾、乌弋山离等国家，也都遣使朝贺。因为道路过于遥远，这些国家都不在汉朝西域都护管领之下。

从夏历说，这年是庚申年，而据管理天文的史官和方士而言，主凶兆的太岁在申，方士们正用方术压制凶邪，所以这一年是太岁厌（yā）胜之年。太岁是古代天文学中假设的星名，与岁星（木星）相应，又称岁阴或太阴。古代方士术数以太岁所在为凶方，故须施展巫术，以诅咒制胜，压服人或物。因为汉朝认为凶邪来自匈奴，因此没有让单于住在皇宫，而安排住在上林苑蒲陶宫，目的是让皇帝远离凶邪之气。主事的官员掩饰说，这个安排表明了对单于的格外尊重。乌珠留单于知道内幕，有点儿不高兴。但这次单于来朝，除了其他赏赐与成帝河平年间一样，又增加370套衣服、3万匹锦绣缯帛和3万斤丝绵。单于得到如此多的财物，也就没有把厌胜的事放在心上。正月大朝完毕，汉朝派中郎将韩况护送单于回匈奴，道路曲折遥远。韩况等人粮食短缺，乌珠留单于又供给他们饮食，过了期限50多天，韩况等人才从匈奴返回。

从以上这些事例来看，汉朝和匈奴都在小心维护先辈结成的友好关系，双方都尽量避免误会，消除不利于团结的因素。但是，在乌珠留单于在任期间，汉朝与匈奴的关系再次趋于恶化，由此导致西域的整体形势恶化。这一切的根源，在于汉朝出了一个王莽。

三 王莽失策

元寿二年（前1），乌珠留单于晋见完哀帝准备回国，哀帝出于善意，让单于在汉朝的质子稽留昆跟随单于一起回匈奴，让他们父子相聚，这是很人道的做法。单于领会汉朝的好意，回到王庭后不久，就让稽留昆又回到汉朝。同稽留昆一同前来的还有单于的娘舅右大且方夫妻。右大且方夫妻后来回到匈奴，又派右大且方的同母兄左日逐王都夫妻入朝。

非常不幸，乌珠留单于入朝这一年，哀帝果然去世了。19岁的刘欣即位，即汉平帝。汉平帝年幼，在朝廷只是一个傀儡。太皇太后（元帝皇后王政君）临朝称制，她指定侄子新都侯王莽主持朝政。

西汉末年，社会矛盾空前激化，贵族官僚骄奢淫逸，王莽却谦恭俭让，礼贤下士，在朝野素有名望，一时有“周公在世”之誉，任大司马大将军辅政。哀帝即位后，王莽失势。哀帝崩，平帝即位，王莽复任大司马，并录尚书事，开始操纵朝政。

王莽想借称颂太皇太后威德至盛来取悦于太皇太后，就让人委婉地转告单于，要他派王昭君的女儿须卜居次云入朝侍奉太皇太后，汉朝将用丰厚的财礼赏赐匈奴。如此

王莽货币

歌颂太皇太后的威德，是用损害匈奴的尊严来实现的：匈奴不仅送质子入侍汉帝，还送质女入侍太皇太后。这是王莽想向世人昭示的事实。

王莽命令中国人不许有两个字的名字，并派使者去匈奴婉言劝说乌珠留单于，效仿汉朝文明教化，改用一个字的名字，汉朝会加倍赏赐。单于听从使者的劝告，上书朝廷：“我有幸成为汉朝的外臣，喜爱汉朝圣明的礼制。我原来的名字是囊知牙斯，现在我愿意把名字改为知。”王莽非常高兴，派使者去匈奴，赏赐十分丰厚。

可是不久就发生了姑句、唐兜投降匈奴的事件，引起汉朝与匈奴之间的不快。

这要从西域说起。西域一直在汉朝西域都护、戊己校尉的管辖之下，但有的西域都护、戊己校尉没有与西域国家处理好关系。

车师后王国在今新疆乌鲁木齐市以东、吐鲁番以北。从车师后王国有一条道路通玉门关，比其他道路都近便，但没有开通。戊己校尉徐普想开通这条道路，车师后王国国王姑句不同意。因为一旦开通此道，汉朝出使西域的使节便会络绎不绝地经过此道。沿途国家都有供应汉使的职责，车师后王国资源贫乏，这种供应会成为沉重的负担。徐普召姑句来划分地界，姑句不从命，徐普便把他拘留起来，关了禁闭。姑句的王后叫股紫陬，担心徐普杀姑句，便劝姑句投降匈奴以求自保。姑句骑马从高昌壁驰出，进入匈奴。

婼羌国，其地域在今新疆东南的阿尔金山以南，中心地区在今若羌县南山区一带。出阳关最近的一个小国就是婼羌，婼羌国王号去胡来王。婼羌国去胡来王唐兜与赤水羌互相攻击，打不过赤水羌，求救于汉朝西域都护但钦，但钦没有及时出兵救助。唐兜困急，怨恨但钦，向东逃往玉门关以避羌人进攻，但汉朝守关将士不许他入关，他只好率领妻儿部众千余人逃走，不得已只好投降了匈奴。

车师后王句姑、婼羌国去胡来王唐兜二人都怨恨西域都护和戊己校尉，认为他们没有履行保护西域国家的职责。

乌珠留单于把两位西域国王安置在左谷蠡王所居之地，并报告汉朝。王莽派中郎将韩隆和王昌、副校尉甄阜、侍中谒者帛敞、长水校尉王歙出使匈奴，告知单于："西域归属汉朝，单于不应当接受他们的投降，必须立刻放回。"

乌珠留单于认为接受西域国王的投降，并不违背汉朝与匈奴的协议，他说："孝宣皇帝、孝元皇帝与我们约定，长城以南归汉朝天子所有，长城往北归单于所有。如果有侵扰边塞的，要互通情报；有来投降的，不得接受。我的父亲呼韩邪单于蒙受汉朝无量大恩，临死时留下话说：'如果有从中原来投降的人，不许接受，要把他送还汉朝，以报答汉天子的厚恩。'这次投降来的人是长城以外国家的人，不属中原地区的人，我应该可以接受。"

车师后王国是匈奴出入西域的门户，匈奴想保持对车师后王国的影响力，所以袒护车师后王。说到底，匈奴还是不想让汉朝在西域处于绝对垄断地位。乌珠留单于咬文嚼字的争辩虽然有一定道理，终究还是一种狡辩，因为自从有了西域都护，西域已经置于汉朝行政管辖之下。对于单于的解释，汉朝使者回答说："当初匈奴骨肉之间互相攻击，几乎绝灭，承蒙汉朝的大恩，扶助单于，家室妻儿得以保全平安，世代相传，对汉朝的大恩，匈奴应该有所报答。"

面对强势的汉使，作为附属国的匈奴只能让步。乌珠留单于叩首谢罪，把两个西域国王抓来交给了汉朝使者。汉朝诏令中郎将王萌到恶都奴边界上迎接，恶都奴是西域一个山谷名。乌珠留单于不放心，他派使者把两个国王护送到汉朝，并向皇帝请求饶恕他们的罪过。偏偏王莽想杀一儆百，立威西域，他会集西域各国国王，当众人之面杀了句姑和唐兜。针对这次事件和以后可能发生的情况，王莽制定了四条新的规约：

第一，中国人逃入匈奴的，匈奴不得接受；

第二，乌孙国逃亡归降匈奴的人，匈奴不得接受；

第三，佩戴中国印绶、由汉朝册封国王的西域国家投降匈奴的人，匈奴不得接受；

第四，乌桓国投降匈奴的人，匈奴不得接受。

第一条是汉匈结盟时的既定政策，其余三条都是对这项政策的修改和补充。汉朝派中郎将王骏和王昌、副校尉甄阜和王寻出使匈奴，向单于颁布这四条规约，规约与玺书混封在一函之内，交给了单于，要求他奉行，并就此收回以前汉宣帝与匈奴制定的规约，装在信函中送回汉朝。这四条规约令匈奴极为不满，由此引发了乌桓事件。

乌桓，亦作乌丸，原为东胡部落联盟中的一支。公元前 3 世纪末，匈奴破东胡后，其残部迁至乌桓山，遂以山名作为族号，活动于今内蒙古西拉木伦河两岸及归喇里河西南地区，每年向匈奴交纳皮布税。虽然后来乌桓臣属于汉，但皮布税仍作为惯例每年仍要向匈奴完纳。这种税具体征收形式不详，大约是交毛皮和布以充税，数量已不可考。汉朝颁布给匈奴的四条规约后，护卫乌桓的汉朝使者告诉乌桓百姓，不要再向匈奴交纳皮布税。因为按照新的规约，匈奴已没有权力管制乌桓。但匈奴仍按旧例派使者去乌桓征税，想做买卖的匈奴贩子及妇女都随使者一起到了乌桓。乌桓人拒绝向匈奴纳税，说："我们听从汉天子的诏令，不能再向匈奴纳税。"匈奴使者把乌桓的首领收捕，吊了起来。首领的弟弟杀了匈奴使者以及官员，把跟随来贩卖东西的匈奴贩子、妇女和使团的牛马扣留没收。乌珠留单于听说了，命令左贤王出兵攻入乌桓，乌桓人被打散，有人逃上了乌桓山，有人到东部躲进堡垒保命。

匈奴杀了不少乌桓人，把乌桓近千名妇女、老人、小孩驱赶至

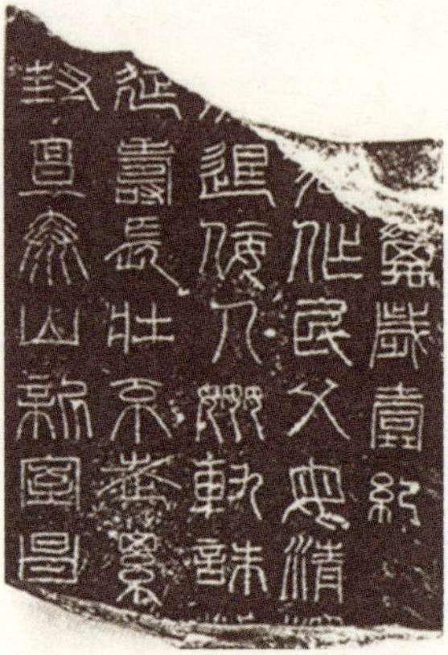

王莽封禅玉版

匈奴左地，派人告诉乌桓，必须拿马、畜皮和布来赎人。乌桓派被抢去的人的亲属2000多人带着财物、牲畜去赎人，匈奴接受了财物，却把人扣留不放。这件事引起汉朝的不满。

此时期，汉平帝逐渐长大，王莽觉察到成年的皇帝对他专权不满，便鸩杀平帝，拥立了一个年仅两岁的刘婴为“孺子”，自己做“摄皇帝”，即代理皇帝。

公元8年，王莽篡位，建立新朝，正式当了皇帝。他的国号就是“新”，表示万象更新。第一个年号叫始建国，宣布推行新政，史称“王莽改制”。王莽称新始祖。王莽的新政有很多荒唐的做法，后世史家认为王莽这人可能精神有问题。

始建国元年（9），王莽派五威将军王骏率领甄阜、王飒、陈饶、帛敞、丁业一行六人，携带金银、布帛送给乌珠留单于，向单于通报王莽受命于天，代替汉室称帝的情况，并换回汉朝原来颁发给单于的玺印。

原来汉朝颁发的玺印印文是“匈奴单于玺”，玺的级别是皇帝规格，王莽更换为“新匈奴单于章”，自然降了一格。将军们到了匈奴，代表朝廷授予单于印章和绶带，并宣诏命令单于把原来的玺印绶带交上来。乌珠留单于叩拜两次，接受诏书。翻译走上前来，要解下原来的玺印绶带，乌珠留单于举起胳膊让他解。

乌珠留单于是老实人，但他手下有精明人。左姑夕侯苏在一旁对单于说：“还没有见到新的玺印，先别交出去。”乌珠留单于就放下胳膊不让摘。单于请使者入毡帐落座，自己走上前去为皇上祝寿。王骏说：“原来的玺印与绶带应当按时交上来。”乌珠留单于就又举起胳膊让翻译来解取。左姑夕侯苏又提醒道："还没看见新的玺印文字，先别交。"乌珠留单于回答道："印文怎么会变呢？"随即解下原来的玺印绶带呈送上去，将军们接受了。

乌珠留单于佩戴新的印绶，也不解下来看看玺印，一直吃喝到深夜才散席。右将军陈饶对其他人说："刚才左姑夕侯苏对印文有怀疑，差点儿不让单于把旧玺印交还。如果他让单于看了玺印，见到印文变了，一定会来讨要原来的印，我们又没法拒绝。既已得到故玺，又再次失去，太有辱使命。不如毁掉原来的印玺。"

将军们犹豫不决，无人敢应和。陈饶是燕地人，素性果敢，拿起斧子就把旧玺印砸碎了。第二天，单于果然派右骨都侯当来质问："汉朝赏赐给单于玺印，上面应用'玺'字，而不用'章'字，而且那旧印上没有'汉'字。只有王以下的印才有'汉'字、'章'字。新印上面却去掉了'玺'字，加上了'新'字，这便与臣子没有什么区别了。单于要原来的玺印。"

将军们把已经砸坏的旧印给他看，说："新王朝顺天承运，所以我们破坏旧玺印。单于应当顺应天意，奉行新莽王室的礼制。"右骨都侯当回去报告了乌珠留单于，单于无可奈何，况且得了不少金银财物的赏赐，便派弟弟、右贤王舆带着马、牛等礼物随新朝使者入朝称谢，又坚持上书朝廷要求得到像原来那样的玺印。

归途中，汉使们经过匈奴左犁汗王咸居住的地方，看到那些被扣留的乌桓百姓，便询问是怎么回事。咸详细讲了事情的经过，汉使斥道："汉与匈奴有四项约定，不许匈奴接受乌桓投降的人，赶快把他们送还。"左犁汗王说："此事我难以做主，请允许我请示单于。"乌珠留单于一口答应送还乌桓人，他派左犁汗王请示汉使："这些乌桓人是从塞内送还，还是从塞外送还呢？"汉使不敢擅自决定，把此事报告王莽。王莽令他们从塞外送还乌桓人。

虽然这些问题都得到了解决，但是匈奴与新莽间的矛盾已逐渐产生。乌珠留单于心生怨恨，他派右大且渠蒲呼卢訾等人率领1万骑兵，以护送乌桓人为名，驻军在朔方边塞附近。这是汉匈关系稳定以来半个世纪都没有的事情，朔方太守把匈奴的动向报告了朝廷。

这时西域的形势也发生了变化。王莽在改匈奴单于的“玺”为“章”的同时，派人到西域，把西域各国的国王称号降级为“侯”，引起西域各国普遍不满。

第二年，西域车师后王须置离图谋投降匈奴，汉朝西域都护但钦诛杀了他。须置离的哥哥狐兰支率领部众2000多人，驱赶着牲畜，举国投降匈奴，单于接受了，这是公然挑战王莽颁布的四项约定。狐兰支与匈奴联合攻打车师，杀车师后王，击伤了西域都护的司马。

担任戊己校尉史的陈良、终带和司马丞韩玄、右曲侯任商等人，见西域许多国家背叛新朝，又听闻匈奴要大举入侵，担心会被一起杀死，就劫持官吏、士兵数百人，杀死了戊己校尉刁护，投奔匈奴。他们派人通知匈奴，匈奴南将军率2000骑兵进入西域，迎接陈良一行。韩玄、任商留在了南将军那里，陈良、终带直接到了单于王庭，他们带去的人被另外安置在零吾水（又称余吾水，今蒙古国土拉河）边。

单于封陈良、终带为乌桓都将军，把他们留在单于王庭，经常宴饮款待。这种公然接受新朝降将的行为，是对中原王朝与匈奴和平关系的背叛。

西域都护但钦向朝廷报告了陈良等人的叛变和匈奴南将军右伊秩訾率兵入侵西域的举动。王莽眼看匈奴日益强大，想把匈奴的单于封号数目增加到15个，以便分化离间，让他们内部互相争斗。他派中郎将蔺苞、副校尉戴级率领1万骑兵，带着许多金银宝器到了云中郡的边塞，通过引诱手段把呼韩邪单于的几个儿子招来，依次封他们为单于。

王莽的使节派翻译到边塞外诱招左犁汗王咸、咸的儿子登和助三人，强迫咸接受孝单于的封号，并赏赐他给安车、鼓车各一辆，黄金1000斤，杂缯1000匹，还有做仪仗用的带旗的棨戟10杆。封助为顺单于，赏赐黄金500斤。派驿车送登、助到长安。王莽又封蔺苞为宣威公，任命为虎牙将军；封戴级为扬威公，任命为虎贲将军。

乌珠留单于闻讯，愤怒地说："先单于受汉宣帝恩遇，始终不肯背负汉朝。现在的天子根本不是宣帝的子孙，怎么敢妄称天子？"为了报复，他派左骨都侯、右伊秩訾王呼卢訾以及左贤王乐率兵入侵云中郡的益寿塞，杀了许多汉地官吏和百姓。这一年是"始建国"三年（11）。王莽喜欢给人或物改名字，以示更新。益寿塞就是王莽所易之塞名，还有葛邪塞、制虏塞等，都是王莽所易之名。

此后，单于多次派左右部都尉、边塞上的那些封王侵入汉朝边塞杀掠，规模大的有1万多人，中等的有几千人，少的也有数百人。匈奴人杀雁门郡和朔方郡的太守和都尉，劫掠官吏、百姓和牲畜财产不可胜数。

王莽刚做天子，想要杀敌立威，狠狠教训一下匈奴。他封了十二部将帅，发各郡县封国勇士，拿出武器库的精良兵器，命令他们各自驻扎一方，逐渐向边塞输送。计划扩充到30万人的规模，带够300天食用的粮食，分10路同时出击，对匈奴不断攻击，把他们赶到丁令去。

这一行动无疑是一场冒险，将军严尤很清醒，他建议以迅雷不及掩耳之势攻击匈奴。王莽不听严尤速战速决的建议，仍慢条斯理地调兵运粮，引起百姓骚动，全国乱成一锅粥。

匈奴左犁汗王咸假意接受了孝单于的封号，乘机盗马逃出边塞回到王庭，把他受到胁迫的情况详细地告诉了乌珠留单于。但乌珠留单于还是把他贬为于粟置支侯，这是匈奴低贱的官职。后来，咸的儿子助病死了，王莽让他的另一个儿子登代替助成为顺单于。

王莽的举措，导致匈奴与中原王朝离心离德。

厌难将军陈钦、震狄将军王巡驻扎在云中郡的葛邪塞。匈奴多次入侵边塞，杀死将帅士兵，掠走百姓，赶走牲畜。后来抓到了匈奴俘虏，经过审问，都供称说是孝单于咸的儿子角多次率军入侵。将军把情况报告了朝廷。始建国四年（12），王莽会集各少数民族首领，在长安公开斩杀了咸的儿子登。

北部边境自宣帝以来，已经几代没有见过烽火报警，没发生战事，百姓人口旺盛，牛马遍野。等到王莽搅动局势，与匈奴结仇，边境上的人民有的被杀，有的被掳。但王莽搅乱天下征集来的十二部兵马却长久驻扎在边境不出击，将士疲惫，粮草又接济不上。几年之间，北部边境就空虚了，原野上到处可见暴露的累累白骨。

乌珠留单于在位21年，始建国五年（13）死去。匈奴执政的大臣右骨都侯须卜当，是王昭君女儿伊墨居次云的女婿。伊墨居次嫁须卜当，所以又称须卜居次，云是她的名字。须卜当一直希望与汉朝和亲，平常又与咸关系很好，看到咸受到王莽的任命，为了讨好王莽，他越过舆，立咸为乌累若鞮单于。当时，舆为右贤王，咸为于粟置支侯，舆官位高于咸。

乌累单于咸即位后，让弟弟舆做了左谷蠡王。乌珠留单于的儿子苏屠胡本来是左贤王，乌珠留单于活着时，被封为左贤王的人屡次死去，于是认为这个封号不吉祥，把左贤王的封号改为“护于”。护于跟左贤王一样，按次序以后是要接任单于的，所以乌珠留单于把护于的封号赐给自己的长子，想把单于之位传给他。咸怨恨乌珠留单于当初贬低自己的封号，不想传位给自己。现在咸做了单于，就把护于贬为左屠耆王。为维系汉匈稳定局面，云和须卜当劝咸与汉朝和亲。

天凤元年（14），云、须卜当派人到西河郡虎猛县（今内蒙古伊金霍洛旗西南）的制虏塞下，告诉关塞上的新朝官吏，说想见到和亲侯，和亲侯王歙是王昭君哥哥的儿子。中部都尉上报朝廷。王莽派王歙和他的弟弟骑都尉展德侯王飒出使匈奴，祝贺单于新登大位，又赐给黄金、衣被、缯帛，欺骗单于说他入侍的儿子登还在汉朝，并要求单于把降将陈良、终带等人交给朝廷。

单于把陈良等四人全部抓来，还有杀死校尉刁护的贼人芝音的妻儿等共 27 人，关在囚车里交给了新朝使节，并派右厨唯姑夕王富等 40 人护送王歙、王飒回朝。王莽用火刑烧死了陈良等人，把驻扎在边塞的将帅及士兵撤回原地，只设置游击都尉。

单于贪图王莽赐的财宝，表面上仍按旧例行事，暗地里却侵掠边塞以图利。匈奴使者回到匈奴，单于得知儿子登已经被王莽杀害，便派兵从左地入侵，不断骚扰掳掠。王莽的使者责问，匈奴人总是搪塞道：“那都是乌桓与匈奴的奸黠之徒结伙入侵边塞，就好像中国也有盗贼一样！我们单于刚刚即位，主持国政，威信还不高，但会尽力禁止这类事情，绝不敢有二心。”

天凤二年（15）五月，王莽派王歙与五威将军王咸，率领伏黯、丁业等 6 人，护送右厨唯姑夕王回匈奴。同时把以前斩杀的乌累单于的儿子登，以及被害的匈奴贵族灵柩奉还匈奴。

到了塞下，乌累单于派云和须卜当的儿子大且渠奢等人到边塞迎接。五威将军王咸等人到匈奴单于庭，送给乌累单于许多金宝珍珠，并劝说单于改变国号，改匈奴为“恭奴”，改单于为“善于”，赏赐给印绶。封骨都侯须卜当为后安公，封须卜当的儿子奢为后安侯。乌累单于一味贪图金银珠宝，所以全盘接受。

王咸、王歙又把朝廷购求陈良等人的金钱交给云和须卜当，让他们分赐给立功者。十二月，王咸等回到塞内，王莽赐钱 200 万，伏黯等人都被封官。

天凤五年（18），乌累若鞮单于咸死，在位五年。其弟舆继位，称为呼都而尸道皋若鞮单于。呼都而尸单于继位后，也贪图王莽的赏赐，派大且渠奢与云的妹妹当于居次的儿子醯椟王一起，到长安向王莽进贡。

王莽派和亲侯王歙与匈奴大且渠奢一起到达制虏塞，与云、须卜当约请会面，然而他以武力相胁迫，把他们强带到长安。云和须卜当的小儿子寻机逃回匈奴。须卜当到了长安，王莽封他为卜单于，想出动大军辅佐他到匈奴做单于，扶植新的傀儡政权，但是军队却调动不起来。这更惹恼了匈奴，各部合力侵入北部边境。

这时不巧须卜当病死了，王莽就把庶出的女儿陆逯任嫁给后安公奢做妻子，“陆”为王莽对王氏女之封号，“逯”为王莽庶女之食邑，“任”为王莽庶女之称谓。奢本为侯，王莽以女妻之，故晋爵为公。王莽对他十分尊宠，目的还是想出兵扶立他做单于。王莽一心想扶植一个傀儡单于，但他的目的并没有达到。

后来中原大乱。新莽地皇四年（23），农民起义军绿林军建立了新的政权，拥立刘玄为帝，年号更始。起义军攻入长安，王莽死于乱军之中。云、奢也都在这场兵乱中丧生。

更始二年（24）冬，更始政权派中郎将展德侯王飒、大司马护军陈遵出使匈奴，授给单于汉朝原来式样的玺绶，授给王侯以下的人印绶，同时把跟随云和须卜当来到中原的人及其亲属全部送回匈奴。

然而，形势已经大变，呼都而尸单于十分骄横，对王飒、陈遵说：“匈奴与汉朝原本是兄弟，只因匈奴发生内乱，孝宣皇帝帮助呼韩邪单于登位，所以匈奴向汉朝称臣，以示尊敬和感恩。现在汉朝也发生了内乱，皇位被王莽篡夺，我们出兵攻打王莽，使他边境空虚，使汉朝百姓骚动，人心思汉，王莽终于失败而汉朝得以复兴，这也是靠了我们匈奴的力量，所以，现在汉朝应当以我为尊！”陈遵与呼都而尸单于抗拒辩论，但匈奴人坚持不肯改变态度。

第二年夏天，王飒、陈遵回到汉朝。赤眉军攻入长安，在赤眉军和刘秀大军夹击之下，更始帝刘玄失败被杀。光武帝刘秀击败赤眉军，建立起东汉王朝，汉与匈奴的关系以及西域形势也由此进入了一个新阶段。

第六章

西域三绝三通

东汉时，汉与匈奴的斗争在继续。北匈奴与东汉在西域进行了长期较量，在这一过程中，西域丝路曾三绝三通。东汉时西域的绝通，伴随着错综复杂的斗争。本章讲述自王莽时西域反乱，至汉明帝时经过窦固大破匈奴和班超等人在西域的艰苦奋斗，丝绸之路西域道复通的艰辛历程。

王莽派五威将军王奇等 12 人巡行天下，颁发《符命》42 篇，宣扬汉朝气数已尽，王莽当取代汉朝当皇帝。王奇等奉《符命》，赍印绶，所至之处，按照王莽的旨意，更改王侯以下及各级官吏的爵号、名号，包括匈奴、西域、周边蛮夷，都授给新朝印绶，收回汉朝的印绶。在西域，他们把原来汉朝所封的王都改为侯，西域各国纷起反抗。

西域都护府本身只有一两千兵马，如果没有西域国家的支持，这一点儿军事力量根本没有支配西域的能力。汉朝在车师前王国驻扎有戊己校尉，但自始建国二年（10）发生戊己校尉部属投降匈奴事件后，汉朝已经丧失支配地位。过了三年，王莽新朝仍没有恢复戊己校尉的设置。流散的车师后王国人逐渐回到故地，匈奴南将军右伊秩訾的部队成为当地主要的军事力量，而车师后王国亲附匈奴，匈奴的势力正通过车师后王国向西域渗透，周边小国都感受到了威胁。

西域都护但钦从汉平帝元始元年开始任职，在职 10 多年，但他在西域各国的形象并不高大。对于婼羌人来说，但钦没有尽到都护的职责，当西羌向他们发动进攻时，但钦没有及时出兵相助。非但如此，但钦手下的戊己校尉对车师后王国实行严刑峻法，招致车师后王国举国上下的不满。这些举措导致婼羌去胡来王和车师后王投降匈奴。

经过许多年的休养生息，匈奴已经恢复了生机。在中亚和东亚广大地区，能够与中原王朝对抗的只有匈奴；对于西域国家来说，可以依靠的除了中原王朝，就是匈奴。中原王朝与匈奴的对峙和博弈影响着西域的整体局势。

王莽的大军屯兵匈奴边境，却迟迟没有采取进一步的行动，这让西域各国看出，中原王朝的实力真正削弱了。匈奴对于汉朝的军事威慑没有屈服，西域人感到了一股对抗汉朝的力量正在增长，如果不想遭受王莽政权的摆布，匈奴是唯一的依靠。

新朝建立以后，西域各国的不满情绪像地火一样被点燃。随着中原王朝在西域控制力的减弱，运行地下的怒火最终会烧将起来。首先行动起来的是离匈奴较近的焉耆。

焉耆国地处天山中段焉耆盆地中央，国王驻员渠城（今新疆焉耆西南）。焉耆靠近匈奴地区，在汉朝与匈奴争夺西域时，焉耆总是站在匈奴一边。匈奴的小股骑兵往往通过博格达山口进入焉耆，袭击汉朝西行的使节。但在匈奴势力退出西域，西域进入汉朝都护的管制之后，焉耆同其他西域国家一样，也接受了汉朝的统治。

西域都护府所在地乌垒城在焉耆国西南 400 里的地方，焉耆正处在西域都护的眼皮下，本来是被汉朝牢牢看守住的。然而最安全的地方，往往也是最危险的。当时，焉耆人口 3 万多，这在西域算是较多的了，士兵 6000 人，也称得上是军事强国。当新朝与西域各国发生矛盾，匈奴势力抬头时，焉耆想趁机摆脱西域都护的统治。

西域都护府就在不远处，焉耆要独立就必须拔掉这颗钉子。始建国五年（13）冬，焉耆发难，杀害了西域都护但钦。焉耆反叛势力杀害但钦的真相和过程，史料上没有记载。但这次事件与匈奴有关，基本上是可以肯定的。没有一个强大势力在背后，焉耆没有这个胆量。焉耆杀死但钦后，迅速倒向匈奴一边的事实，也验证了这个推断。

西域都护被杀，影响到整个西域的形势。自西汉以来中央政权和西北各民族之间形成的臣属关系陷于瓦解，汉之西域都护负责管理的西域南北两道重新回到匈奴势力范围，中原地区与西域交通的丝绸之路由此断绝。但钦遇害的消息很快传到了朝廷，王莽无可奈何，当时大军集结在汉匈边境进退不得，想用兵西域也是心有余而力不足。

此时匈奴内部的形势突然发生变化，乌珠留单于死了，立谁为新单于取决于主事大臣右骨都侯须卜当。按照乌珠留单于生前的安排，最有希望继位的应该是乌珠留单于的儿子苏屠胡本。可是，右骨都侯须卜当的妻子是王昭君的女儿须卜居次云，在这关键时刻，须卜居次云发挥了非同寻常的作用。

须卜居次云一直幻想汉与匈奴之间再次和亲，须卜居次云夫妇同王莽所封的孝单于咸关系非常好，这样咸就被扶植为乌累若鞮单于。乌累若鞮单于登基之后，右骨都侯须卜当夫妇就劝他与王莽新朝和亲。第二年，即天凤元年（14），单于派使者到了塞下，请求拜见王昭君的外甥和亲侯王歙，向新朝示好的用意是很明显的。

新朝与匈奴的关系是缓和了，但西域的形势却变了。匈奴在西域重新建立其统治地位，向西域各国勒索苛重的赋税，进行极其暴虐的统治。匈奴在西域的统治，阻断了中西交通的大道，给西域和汉族人民造成了深重灾难。

此外，在汉朝势力退出西域之后，西域那些人口稍多势力较大的国家也想称霸西域，例如莎车。莎车是汉代西域都护府所辖诸国之一，在塔里木盆地西缘，今莎车县、叶城县一带，东界塔克拉玛干沙漠，西邻帕米尔高原，南傍喀喇昆仑山，地处丝绸之路西域南道要冲。莎车本来是亲汉的国家，国王延在汉元帝时为侍子，在长安长大，受到汉文明的熏陶，仰慕汉朝文化。延死，儿子康代立。当汉匈关系破裂，许多西域国家依附于匈奴时，康却联合南道一些小国与北匈奴对抗，保护了汉西域都护及吏士家属千余人。

东汉王朝刚刚建立，莎车王康就遣使至河西，表示思慕汉家。光武帝建武五年（29），因莎车王康抗击匈奴有功，东汉立康为建功怀德王、西域大都尉，代汉统属西域55个国家。康死，其弟贤继位。贤利用汉朝赋予的名位，称霸西域。他攻破拘弥、西夜国，杀死他们

玉门关遗址小方盘城

的国王，立康的两个儿子为拘弥王和西夜王。莎车欺压西域各国，西域各国敢怒不敢言，但贤对汉朝仍表现出亲附的姿态。

建武十四年（38），贤与鄯善国王安一起到东汉都城洛阳朝贡，西域交通才恢复通畅。贤成为西域霸主，西域各国皆臣属于贤。建武十七年（41），贤又派人到洛阳进贡，同时要求东汉朝廷任命他为西域都护。光武帝刘秀与大司空窦融商议，以为莎车王父子兄弟都亲附汉朝，又遣使进贡，应该授予名号，让他镇抚西域。光武帝便把西域都护的印绶交给莎车国使节，让他交给贤，还把作为都护的车、旗、黄金、锦绣送给贤。

莎车国使节回国途经敦煌，敦煌太守裴遵上奏朝廷，认为莎车这样的夷狄之国，不能授予大权，让莎车国管理西域，西域各国也会感到失望。朝廷于是又下诏收回西域都护的印绶，改换为汉大将军印绶。莎车国使节不肯换，裴遵强行要回了西域都护的印绶。使节回国，贤听说此事，对东汉朝廷心生怨恨。他诈称汉朝已经任命他为西域大都护，向西域各国发出告示，要求各国皆服从他，称他为大单于，贤胁迫西域诸国依靠匈奴，反叛东汉。

但西域各国对汉朝仍存有良好印象，相比匈奴人的统治，他们感到还是在汉朝西域都护的统治下更安全。但投靠汉朝得有实际行动来表现诚意，那就是把儿子送到汉朝当人质，换取东汉王朝重新设立西域都护。有了西域都护，他们才不受大国的欺负。

建武二十一年（45）冬，为了摆脱莎车国的统治，车师前王国、鄯善国、焉耆国等18国都派儿子到东汉做侍子，又献珍宝。见到光武帝刘秀，诸人跪拜叩首，痛哭流涕，要求东汉王朝派都护到西域。但刘秀感到中原地区刚刚安定，北边还不太平，无力经营西域，他厚赠西域各国的使者，送还他们的质子。那些送质子入汉的西域国家使节听说汉朝不接受质子，顿时惊慌失措，不敢复命。于是这些使节和质子滞留敦煌，不敢回国。

建武二十二年（46），莎车国王贤听说汉朝不派都护到西域，更加为所欲为，他依仗匈奴的势力，欺凌弱小国家。他写了一封信给鄯善国王安，要他断绝汉朝通过西域的道路。安杀死莎车国使节，表示忠于汉朝。贤大怒，发兵击鄯善。安率兵迎战，兵败，逃亡入山。贤杀死鄯善国1000多人才回国。这年冬天，贤又发兵攻龟兹，杀死龟兹王，兼并龟兹国。

鄯善王上书光武帝，再次恳请东汉派遣西域都护。鄯善王说如果东汉不派西域都护，鄯善国迫于匈奴的压迫，将不能自保。但光武帝刘秀的答复却令西域各国大失所望，他说："汉朝派不出大兵，如果西域各国力不从心，请自便，投降谁都可以。"于是鄯善国、车师国不得不重新降附匈奴，而莎车国依仗匈奴的势力，更加骄横。

远在葱岭以西有一个妫塞国，在吐火罗南塞，为西戎别种，临妫水而居，因此得名。妫塞国自以为离莎车国遥远，不肯听从莎车王的统治，又杀死贤的使节。贤出兵中亚，灭掉了妫塞国，把莎车国贵族驷鞬立为妫塞王，又立自己的儿子则罗为龟兹王。贤又感到则罗年少，统治不了这个大国，便从龟兹国分出一个乌垒国，让驷鞬任乌垒王，派另一个贵人任妫塞王。几年后，龟兹国人杀死了则罗、驷鞬，派使节到匈奴，请匈奴另立新王。匈奴立龟兹贵人身毒为龟兹王，龟兹国从此又附属匈奴。

西域陷于大国争霸的局面，互相攻伐，强弱兼并。小宛、精绝、戎卢、且末被鄯善国兼并；渠勒、皮山受于阗国统领；郁立、单桓、孤胡、乌贪、訾离被车师国征服，不久这些小国又摆脱车师独立。

建武二十二年（46）前后，匈奴国内发生严重的自然灾害，人畜饥荒，死亡过半。而上层因争权夺利，发生分裂。建武二十四年（48），匈奴八部族人共立呼韩邪单于之孙日逐王比为单于，与蒲奴单于分庭抗礼，匈奴分裂为两部。日逐王比率族人 4 万多人南下，附汉投降，称为南匈奴，被汉朝安置在河套地区，而留居漠北的则称为北匈奴。

南匈奴投降汉朝，逐渐南迁汉境内，北匈奴则益发退居漠北。此后北匈奴连年遭受天灾，又受到南匈奴、乌桓、鲜卑的攻击，游牧经济极度萎缩，力量大大削弱。北匈奴一怕东汉北伐，二企图破坏东汉与南匈奴的关系，三想在西域抬高自己声望，四想与东汉互市交换所需物资，于是多次向东汉遣使请求和亲。东汉没有答应和亲，但同意双方百姓互市。

南匈奴降汉后，原来依附于匈奴的乌桓、鲜卑等也随之归附东汉。这在很大程度上切断了北匈奴与汉朝中原地区的经济联系，使其最必需的粮食、布匹、食盐等日常生活品的获得十分困难。从明帝永平八年（65）至永平十五年（72），北匈奴不断入侵东汉渔阳至河西走廊北部边塞。明帝永平年间，北匈奴胁迫西域诸国，共犯河西，致使东汉边境“郡县城门昼闭”。

为了西域的稳定和丝路的畅通，东汉王朝必须对北匈奴进行用兵。永平十五年（72），东汉应西域各国之请，命窦固、耿秉出屯武威，北伐匈奴，取伊吾卢城（今新疆哈密），于此置宜禾都尉以屯田，遂通西域。

随着国力增强，在南匈奴的配合下，东汉开始了征伐北匈奴的战争，由窦固挂帅远征。

窦固（？—88），字孟孙，扶风平陵（今陕西咸阳西北）人，窦融之侄。窦固年少时因娶公主，而被任命为黄门侍郎。光武帝建武中元元年（56），窦固继承父亲窦友的爵位，封为显亲侯。明帝即位后，迁中郎将，骑都尉监羽林军。后来从兄窦穆犯罪，窦固受到牵连，被罢官，在家待了10多年。当时天下安定，明帝想效仿汉武帝的事迹，出兵西击北匈奴，恢复与西域各国的联系。窦固因明习边事，于明帝永平十五年（72）十二月，被拜为奉车都尉，以骑都尉耿忠为副将，谒者仆射耿秉为驸马都尉，秦彭为副将，屯凉州酒泉郡，部署对北匈奴的用兵。

第二年，窦固分兵四路出征。窦固与耿忠率酒泉、敦煌、张掖士兵及卢水羌兵1.2万骑从酒泉(郡治禄福，今甘肃酒泉)出塞；耿秉、秦彭率武威、陇西、天水士兵及羌兵1万骑从居延（今内蒙古额济纳旗东）出塞；太仆祭肜、度辽将军吴棠率河东北地、西河羌兵及南匈奴兵1.1万骑从高阙（今内蒙古境内乌拉山与狼山之间的山口）出塞；骑都尉来苗、护乌桓校尉文穆率太原、雁门、代郡、上谷、渔阳、右北平、定襄郡兵及乌桓、鲜卑兵1.1万骑从平城（今山西大同东北）出塞。窦固军出酒泉，至天山（今新疆吐鲁番西），大败北匈奴呼衍王，斩首千余级，追至蒲类海（今新疆巴里坤湖），留军屯伊吾卢城。

窦固又派班超出使西域，班超降服了鄯善、于阗、莎车、疏勒等国，由是西域诸国皆归附汉朝。永平十六年（73）春，窦固、耿秉、来苗分兵三路分别出酒泉塞、居延塞和平城塞，伐北匈奴，大胜而归。永平十七年（74）十一月，窦固与驸马都尉耿秉、骑都尉刘张率1.4万骑兵再出玉门关，进军西域，在蒲类海击败匈奴白山部，转而进击投靠北匈奴之车师。车师王降，东汉置西域都护及戊己校尉、宜禾都尉屯田，初步恢复了对西域的控制。

车师分为后、前两部，前王为后王之子，两王庭只相距500余里。窦固认为后部路途遥远，沿途山高谷深，士卒苦寒，应该先取前部。耿秉反对，他认为攻取后部，前部将不攻自降。他不等窦固决断，即率本部兵马向车师后部开拔。窦固不得已，催动大军随后而行。在汉军猛攻之下，车师后部被歼数千人，损失马牛10余万头，车师后王安得出城投降。不久，前王也归降。

永平十六年（73），明帝任命窦固为奉车都尉，屯兵武威，着手恢复与西域诸国的政治关系。班超就是在这种情况下出使西域，开始他长达31年为经营西域而英勇奋斗的事业。

班超（32—102），字仲升，东汉扶风平陵人，班彪少子。汉光武帝建武五年（29），班彪入河西五郡大将军窦融幕府任从事，班超就是在河西出生的。建武十二年（36），班彪随窦融入朝奏事，班超也随父东归。父卒后，明帝永平五年（62），班超的哥哥班固被召入朝任校书郎，班超与母随至洛阳。因家贫，为官府抄书以养母，他曾投笔叹道：“大丈夫无他志略，当效傅介子、张骞立功异域，以取封侯，安能久事笔砚间乎！”一起抄书的人都嘲笑他，班超说：“小子安知壮士志哉？”明帝因班固的原因，任命班超为兰台令史，但不久又因事免官。

班超像

奉车都尉窦固屯兵武威，班超参加了窦固的军队，被任命为假司马（代理司马）。窦固命他“将兵别击伊吾”。他率兵与匈奴战于蒲类海，攻占伊吾卢城，“多斩首虏而还”。于是窦固在这里设置宜禾都尉，进行屯田戍守，同时赶走了北匈奴在车师前后王国一带的势力。窦固发现班超有才能，就派他和从事郭恂出使西域。

班超率领 36 人出使，先是联络南道诸国。他们首先到了鄯善，这是受匈奴控制的小国。使团初至，鄯善王广十分礼敬，后来态度突然疏懈下来。班超判断匈奴有使者来，通过诈唬“侍胡”得知，果然有北匈奴使团 100 多人来到，鄯善王莫知所从。班超与随行 36 人以“不入虎穴，焉得虎子”的决心，乘夜火攻，一举袭杀北匈奴使者，鄯善为之镇服，“纳子为质”。窦固将其功表奏朝廷，班固受到明帝的称许。

明帝任命班超为军司马，再使西域。班超仍将本所领 30 余人从南道西行，至于阗。于阗乃西域大国，“新攻破莎车”，“雄张南道”。但为匈奴所败，故服属匈奴，由匈奴遣使监护其国。班超等至，于阗王广德“礼意甚疏”，但其俗信巫，巫师传达天神的旨意，说与汉通好，天神发怒，天神知道汉使有騧马（黑嘴黄马），要“急求取以祠我”。班超一口答应，要巫师亲自来取。巫师一到，班超就把他杀了，提着巫师的头去见于阗王广德，广德早就听说班超在鄯善击灭匈奴使团的事，对班超心存畏惧，于是杀掉了匈奴监护使者，与汉通好。班超重赐于阗王以下。由于于阗降汉，西域南道重新得以打通。

此时，北道诸国尚在匈奴控制之下。永平十七年（74）春，班超率众北上，至疏勒（今新疆喀什）。疏勒此时为龟兹征服，龟兹王建乃匈奴所立，依恃匈奴的势力称雄北道。他攻破疏勒，杀其王，而立龟兹人兜题为疏勒王。班超至疏勒，离兜题所居槃橐城 90 里，他派属员田虑去劝降。班超交代田虑：“兜题本非疏勒种，国人必不用命，若不即降，便可执之。”田虑来到槃橐城，兜题见田虑人少势弱，殊无降意。田虑趁他不加防备，上前劫缚兜题，左右皆惊惧奔走。田虑派人快马通报班超，班超立即赶来，把疏勒将吏全部招来，谴责龟兹无道之状，因立其故王的侄子忠为王，疏勒人见班超赏罚分明，严明公正，故大为喜悦。

槃橐城遗址

疏勒因此与龟兹结怨，班超驻守疏勒。这一年，窦固等在天山东麓向北匈奴大举反攻，平定车师前后部，西域北道也恢复畅通。东汉重新设立西域都护和戊己校尉，标志着汉朝重新确立对西域的控制。章和元年（87），莎车王投降匈奴，班超率领西域各国联军 2.5 万人攻打莎车，虽然龟兹等国调兵 5 万救援莎车，但班超仍以智取胜，莎车再次归汉，南道复通。

永平十七年（74），窦固率军破车师，朝廷重新设立西域都护和戊己校尉。任命耿恭为戊校尉，驻扎在车师后王国金蒲城（今新疆奇台西北），命关宠为己校尉，驻车师前王国柳中城（今新疆艾丁湖东北），各率屯田卒数百人。

耿恭到任后发布文告晓示乌孙，宣扬汉室威德，乌孙国举国欢庆。大昆弥派使者向汉廷献名马，并愿派王子入侍。耿恭便派使者带着金银布帛，迎接其王子。次年三月，北匈奴单于派左鹿蠡王率 2 万骑兵进攻车师，耿恭派司马带兵 300 前往救援，路上遭遇匈奴大军，寡不敌众，全军尽没。

北匈奴杀死车师后王安得，又转兵攻打耿恭驻守的金蒲城。城中兵少，形势危急，耿恭亲自登城，指挥作战，连败匈奴。在这场众寡悬殊的争夺战中，汉屯兵仅数百人，坚守死战，史载其“凿山为井，煮弩为粮”，誓与城共存亡。匈奴又遣兵攻车师前王国和柳中城，关宠向朝廷告急。

当耿恭率军浴血奋战时，东汉朝廷由于明帝去世，再次提出放弃西域的论调，大臣杨终等人认为：“北征匈奴，西开卅六国，频年服役，转输烦费，又远屯伊吾、楼兰、车师戊己，民怀土思，怨结边城。”因此，汉廷对关宠等人的求援，置若罔闻，只有司徒鲍昱力主援救。汉朝救兵不至，车师国又背叛汉朝，与北匈奴合兵进攻耿恭。耿恭激励将士，奋勇拒敌。章帝即位后终于遣征西将军耿秉屯兵酒泉，派秦彭与谒者王蒙、皇甫援发张掖、酒泉、敦煌三郡及鄯善兵共 7000 人，于建初元年（76）正月，到柳中进击车师，攻交河城。北匈奴见势不妙，闻风遁逃，车师国又归降了汉王朝。

耿恭以单兵固守孤城，勇挡匈奴数万之众，被誉为“节过苏武”，终在援军救护下，幸免于难。自此朝廷“听还徙者，悉罢边屯”。此时班超尚留于阗，绥集诸国。虽然交河解围，但由于汉明帝崩，北匈奴乘机反攻西域。焉耆、龟兹等亲北匈奴诸国攻杀汉西域都护陈睦，西域交通又绝。班超在疏勒孤立无援，而龟兹、姑墨多次发兵攻疏勒，班超守槃橐城，与忠为首尾，士吏单少，拒守岁余。章帝“不欲疲敝中国以事夷狄，乃迎还戊、己校尉，不复遣都护”，故于建初二年（77），又罢伊吾屯田，北匈奴则进兵屯伊吾。西域交通彻底断绝。

章帝即位后，朝廷内部矛盾重重，无意顾及边事，以陈睦新没，班超势单力孤不能自保，建初元年（76），朝廷诏令撤销西域都护及戊己校尉，令班超还朝。

班超启程出发，疏勒举国忧恐，其都尉黎弇自刭。当他们到于阗时，于阗王侯皆号泣挽留，说“依汉使如父母，诚不可去”。他们抱住班超坐骑的马腿，不肯放行，班超被这种诚恳的挽留所感动，同时也意识到汉使撤退后，匈奴势力将立即统治整个西域，东汉政府多年来经营西域的心血将付诸东流，而且自己“立功异域”的志向也完全破灭，决心返回疏勒。此时，疏勒已降龟兹，并与尉头国连兵。班超捕斩反者，击破尉头，杀600余人，疏勒复安。

建初三年（78），班超率疏勒、康居、于阗、拘弥诸国兵1万人攻姑墨石城，破之，斩700余人。班超想乘胜平定西域，打通西域的道路，上疏请兵，他详细分析了西域形势，陈述了经营西域的战略和策略，并表达了个人献身祖国复通西域的愿望和决心。为了获得朝廷的理解和支持，班超上书汉章帝，报告在于阗、鄯善等国的支持下，争取统一的有利形势，反映西域诸国“倚汉与倚天等”、渴望摆脱匈奴羁绊的迫切心情。他还陈述自己“愿从谷吉效命绝域，庶几张骞弃身旷野”的决心。

朝廷知道班超有把握取得胜利，建初五年（80），派假司马徐干领兵千人增援班超。莎车本以为汉朝不会出兵，降于龟兹，疏勒也发生了都尉番辰的反叛。幸得徐干领兵至，与班超会合，大破番辰，杀1000多人。班超欲借助乌孙的兵力以平龟兹，上疏朝廷请遣使招慰乌孙。章帝采纳了班超的建议，遣使乌孙与之结好。

建初八年（83），班超被任命为将兵长史。朝廷又任命徐干为司马，另派卫侯李邑护送乌孙使者，赐大小昆弥以下锦帛。此时，李邑向朝廷上书，谗毁班超，受到章帝的斥责。班超遣李邑护送乌孙侍子回朝。当时北匈奴"党众离叛，南匈奴、丁零、鲜卑、西域四面为敌"，窦宪的大军，屡次出击，给予匈奴重创。在这种有利的局势下，汉章帝见其功可成，也改变初衷，对班超的计划采取积极支持的态度，不仅派徐干等前来增援，而且对李邑之流的破坏活动也给予严厉斥责，使班超无后顾之忧，可以放手组织各城国军队进行统一西域的战争。

第二年，朝廷派和恭等率兵800人增援，班超调发疏勒、于阗兵击莎车。莎车王以重利引诱疏勒王忠反叛，忠据乌即城，班超则立其府丞成大为疏勒王，发疏勒国不反者攻乌即城，半年后依然无法攻下，康居又遣兵救疏勒。当时康居刚与月氏通婚，班超派人出使月氏，赠月氏王大量锦帛，月氏王劝康居王罢兵，班超终于将疏剌王忠捕回疏勒国都。三年后，忠又向康居借兵，入驻损中城，暗中与龟兹结谋，向班超诈降，班超将计就计，擒杀忠，击破其众。章和元年（87），班超发于阗等国兵2.5万人击莎车。龟兹则遣将发温宿、尉头、姑墨等国兵5万人救之。班超采取骄兵之计，引龟兹王、温宿王各领兵出莎车，班超以奇兵突袭，击降莎车，各国援兵也四处奔散。"自是威震西域"，西域南道于是再次通畅。

建初八年（83）至元和二年（85），北匈奴人大批南下归附汉朝，加上南匈奴对北匈奴的攻击，其力量大为削弱。章和元年（87），鲜卑从东部猛攻北匈奴，杀死优留单于，北匈奴大乱。漠北又发生蝗灾，人民饥馑，内部冲突不断。东汉乘此时机，于和帝永元元年（89）到永元三年（91）与南匈奴联合进攻北匈奴。东汉领兵统帅是窦宪，他统兵深入瀚海沙漠3000里，大破北匈奴，在燕然山刻石记功而还，威震天下，名留青史。

窦宪（？—92），字伯度，东汉著名将领。窦宪是章德皇后兄，祖父窦穆、父亲窦勋均以罪被诛。章帝建初三年（78），其妹被立为皇后，窦宪以外戚拜为郎，迁侍中，不久又升为虎贲中郎将，日益受到重任。其弟窦笃任黄门侍郎，兄弟二人，同时受到皇上信任重用，并侍宫省。窦宪恃宠欺人，竟至于用低价强买沁水公主的园田。公主畏惮窦宪的势焰，不敢与之相争。

后来和帝即位，窦太后临朝，窦宪以侍中的身份，内掌机密，外布诏命。其弟窦笃、窦景并居要职。窦氏兄弟都在亲要之地，威权一时无两。窦宪还牵朋引类，他见太尉邓彪为人谦和礼让，便尊崇、推举他为太傅。窦宪想做什么事情，就怂恿邓彪上奏，自己再呈白太后，因此，太后对其言听计从。另外，屯骑校尉桓郁，几代先人都是皇帝的老师，性情恬退无争，窦宪也把他推荐上去，让他在宫禁中给皇帝讲授经书。于是，内外协附，没有人能对窦宪不利。

窦宪本人性情粗率暴躁，睚眦之怨必报。谒者韩纡当年曾经审判过窦宪父亲窦勋的案件，窦宪得势后，派人把他杀死，割下他的头在父亲墓前祭奠。都乡侯刘畅来吊景帝之丧，得幸太后，数蒙召见，窦宪生恐刘畅分了他的宫省之权，公然派刺客在屯卫之中杀死刘畅，又栽赃于刘畅的弟弟利侯刘刚，并且派人拷问刘刚。后来真相败露，太后大怒，把窦宪禁闭内宫之中。

窦宪害怕被杀，自求击北匈奴以赎罪。正好南匈奴请求汉朝出兵讨伐北匈奴，于是朝廷任命窦宪为车骑将军，佩金印紫绶，比照司空规格配备属员，以执金吾耿秉为副，发北军五校、黎阳、雍营、缘边十二郡骑士及羌胡兵共 3 万多人出塞。

这次出塞意味着北匈奴的灭顶之灾已经来临。永元元年（89），窦宪与耿秉各率 4000 骑兵、南匈奴左谷蠡王师子率万骑从朔方鸡鹿塞（今内蒙古磴口西北哈萨格峡谷口）出兵；南单于屯屠河率万骑从满夷谷（在今内蒙古固阳）出兵；度辽将军邓鸿和边境地区归附朝廷的羌胡 8000 骑兵、左贤王安国 1 万骑兵从翩阳塞（在今内蒙古固阳）出兵。三路大军在涿邪山会师。

窦宪命副校尉阎盘、司马耿夔等率精兵 1 万多人，与北单于在稽落山（今蒙古国境内杭爱山）作战，大破敌军。北单于逃走，窦宪整军追击，出塞 3000 里，直至私渠比鞮海（今蒙古国境内乌布苏诺尔湖）。斩杀北匈奴名王以下 1.3 万多人，俘获马、牛、羊、驼百余万头，归降者 81 部落、20 多万人。窦宪、耿秉遂登燕然山，刻石勒功。

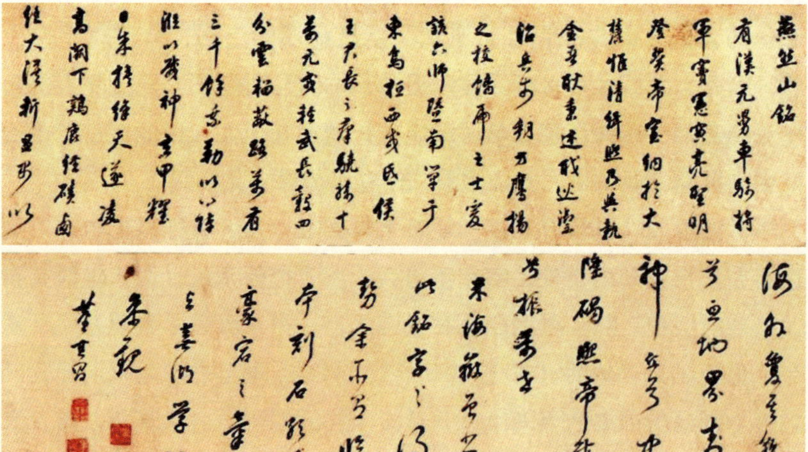

（明）董其昌书班固《燕然山铭》

此时，一位伟大的历史学家在窦宪军中，他就是班固，时任中护军。班固是大手笔，纪功的铭文就出于他手。燕然山即今蒙古国境内之杭爱山，在中国古代军事家心目中，它已经不是纯粹的自然界的山。勒铭燕然山，成为一个伟大理想的政治军事符号和境界。

经此一战，北单于远遁，一时不知其所踪。窦宪一面派司马吴汜、梁讽携带金帛追寻北单于；一面班师回国，驻扎五原。北匈奴人心离散，吴汜、梁讽所到之处，宣明国威，前后有1万余人归降。北单于向西北更远的方向逃亡，吴汜等人在位于北海西北处的西海，追上了北单于，劝说他仿效呼韩邪单于归汉的先例，以求保国安民。

北单于闻言喜悦，率领部下与梁讽一起回到私渠比鞮海。听说汉朝大军已入塞，北单于就派他的弟弟右温禺鞮王随梁讽到洛阳，向汉朝进贡，并留侍汉和帝。窦宪见北匈奴单于没有亲来洛阳，认为他缺乏诚意，便奏请朝廷遣归右温禺鞮王，准备再次出征。永元元年（89）九月，和帝下诏，命中郎将持节到五原，任命窦宪为大将军，位次太傅，在三公之上。窦宪凯旋后，朝廷大开仓府，犒劳赏赐将士，随窦宪出征的各郡二千石长官的子弟，都升任太子舍人。

和帝永元二年（90），葱岭以西的大月氏东侵。这里说的大月氏已经不是当年张骞出使西域时的大月氏，而是取大月氏而代之的贵霜王朝。贵霜王朝由大月氏五翕侯之一贵霜翕侯部落建立，翕侯相当于西域“小王”。1世纪中叶，贵霜部翕侯丘就却统一五部，建立贵霜帝国。后来丘就却南下攻击喀布尔河流域和今克什米尔地区，定都高附（今阿富汗喀布尔）。贵霜王朝在迦腻色伽一世及其继承者统治之下达至鼎盛，其鼎盛时期（105—250），疆域从今日的塔吉克斯坦绵延至里海、阿富汗及恒河流域，拥有人口上百万，士兵20多万，与东汉王朝、罗马、安息并列，被认为是当时欧亚四大强国之一。

贵霜王曾助汉攻车师，有功于汉。这一年贵霜王贡奉珍宝、符拔

（羚羊）、狮子，效乌孙国求娶汉朝公主，遭到班超的拒绝。贵霜王心生怨恨，遣副王谢率兵 7 万，越过葱岭进攻班超。在敌我力量悬殊的情况下，班超坚壁清野，又派兵截杀大月氏向龟兹求援的使团，切断其与龟兹的联络。副王谢粮尽援绝，遣使请罪撤兵。大月氏“由是大震，岁奉贡献”。

永元三年（91），大将军窦宪连破北匈奴，北匈奴主力向西迁徙，西域基本解除了来自匈奴的威胁。随着匈奴势力的衰落，龟兹、姑墨、温宿皆降。第二年，汉朝任命班超为西域都护，居于龟兹，改立龟兹王。徐干为西域长史（西域都护的副职），驻疏勒；任尚为戊己校尉，驻守高昌壁，领兵 500 人。

西域都护已中断 70 余年，它的恢复标志着汉朝在西域的统治完全恢复。永元六年（94），班超发龟兹、鄯善等八国兵 7 万人及汉吏士贾客 1400 人，大破焉耆，斩其王。焉耆、危须、尉犁皆降，西域 50 余国皆遣质子内属于汉。沿塔里木盆地南北丝路主道全部畅通，从而实现了西域的第二次复通。

班超任西域都护 10 年，从随窦固出征算起，他在西域驻守 31 年之久，其间多次以少胜多，以弱胜强，成就了继张骞之后的另一个西域传奇。

永元九年（97），班超遣其属员甘英西使大秦（罗马），甘英穷临西海而还。甘英所至，“皆前世所不至，山经所未详，莫不备其风土，传其珍怪焉”，于是“远国蒙奇、兜勒皆来归服，遣使贡献”，中西交通形成了一次空前的盛况。甘英所至西海，历来说法不一，有云地中海，有云黑海，有云波斯湾。据《史记·大宛传》记载，西汉时汉使已到地中海和黑海东岸，此云“前世所不至，山经所未详”，又为安息人所阻，可以推测甘英所去之方向当为埃及亚历山大里亚，所临之西海乃波斯湾。汉代史籍已称印度以西之波斯湾、红海和阿拉伯海为西海。

自从大月氏失败而归后，“其条支、安息诸国至于海濒四万里外，皆重译贡献”。第二年，和帝下诏褒奖班超，诏书有云：

> 往者匈奴独擅西域，寇盗河西，永平之末，城门昼闭。……先帝重元元之命，惮兵役之兴，故使军司马班超安集于阗以西。超遂逾葱岭，迄县度，出入二十二年，莫不宾从。改立其王，而绥其人。不动中国，不烦戎士，得远夷之和，同异俗之心，而致天诛。……其封超为定远侯，邑千户。

班超实现了他“立功异域，以取封侯”的理想。和帝永元十二年（100），班超病重，年老思乡，派儿子班勇回国，上书乞归。他言辞恳切，表达了强烈的眷恋故土之情：“狐死首丘，代马依风”，“臣不敢望到酒泉郡，但愿生入玉门关”，“及臣生在，令勇目见中土”。书上朝廷，却没有得到批准，幸得其妹班昭也上书朝廷，替他委婉陈辞，终于感动了和帝。和帝永元十四年（102），班超回到洛阳，拜为射声校尉，不久病卒，终年 71 岁。

西域，老将军班超为之奋斗 30 多年的地方，斗争仍在继续。

北匈奴在东汉王朝的打击之下，走向瓦解。南匈奴投降东汉以后，在东汉王朝的扶持下，却走向稳定和繁荣。

南匈奴屯屠何单于因配合东汉进击北匈奴，获降众 20 余万。在蒙古高原和西域，南匈奴成为一支具有重要影响的力量。屯屠何单于曾有“破北成南，并为一国”、统一匈奴的理想，但这个理想还未实现，他就去世了。他死后，南匈奴一度陷于动乱之中。

后来安国继位单于。安国原来任左贤王，名声不好。左谷蠡王师子勇猛多智，屯屠何单于很喜欢他，曾多次派他率军北征，进攻北匈奴。每次得胜归来，师子都受到单于赏赐，汉朝天子对他也倍加赏识。南匈奴内部都敬重师子，而不肯听从安国的统治。

待安国继任单于后，师子成为左贤王。新单于安国嫉妒师子，想杀他以绝后患。此时的南匈奴已经失去政治上的独立性，成为东汉的藩属，但他们没有忘记当年作为独立国家的地位；东汉王朝虽然成为宗主国，仍缺乏驾驭这样一个强大力量、处理这种宗藩关系的经验。因此，东汉与南匈奴之间的关系出现了不少波折和反复。

东汉驻南匈奴的官员往往处事不当，导致南匈奴时叛时服。北边和西北地区不断发生军事上的冲突，但这种冲突都是暂时的和局部的，不再发生像过去西汉与匈奴那样大规模的军事对抗。

与此同时，那些投降南匈奴的北匈奴人因为曾受到师子的攻击和劫掠，都非常怨恨师子。安国单于便利用北匈奴降人对师子的怨恨，共同谋划杀害师子。师子发觉了这个阴谋，远离安国单于，驻扎到靠近五原郡的边界。每次举行集会，师子都以生病为由不参加。负责匈奴事务的度辽将军皇甫棱也保护师子，不让他前去参加集会。安国单于对此非常愤恨。

和帝永元六年（94）春，朝廷罢免了皇甫棱，任命执金吾朱徽代理度辽将军。安国单于与东汉派来监护南匈奴的中郎将杜崇不和，便上书朝廷控告杜崇，于是杜崇通告西河太守控制单于的印章，使其无法单独上书朝廷。杜崇又与朱徽联名上书朝廷，说南单于安国亲近北匈奴降人，想杀左贤王师子和左台且渠刘利等人。右部降人共谋胁迫安国，起兵背叛，请朝廷命西河郡、上郡、安定郡加强戒备。

朝廷命杜崇等人至安国单于庭，会见其左右大臣，责备其部众在边境地区为害之事。朱徽、杜崇便带兵赴单于庭。安国单于听说汉军到来，大惊，乘夜弃帐而去，并率北匈奴降者进攻师子。师子事先知情，率部落进入曼柏城（今内蒙古达拉特旗东南）。安国单于追至城下，城门关闭，无法进城。朱徽派人调停，安国单于不听，又无法攻下曼柏城，只得屯兵五原。杜崇、朱徽调发诸郡骑兵追击安国单于军，安国单于的舅舅都侯喜为等担心被汉朝杀害，便杀死了安国。

安国单于被杀，师子被立为南匈奴单于，号亭独尸逐侯鞮单于。新降的北匈奴部众本来就怨恨师子，又曾跟随安国单于进攻师子，现在师子被立为单于，他们不愿接受师子的统治，15 部 20 多万人皆叛变。他们胁迫前单于屯屠何之子奥鞬日逐王逢侯为新单于，希望返回漠北，重建单于庭。于是，南匈奴发生分裂。

逢侯率军包围了驻牧师城的师子单于和汉中郎将杜崇，师子与杜崇率众守城，相持不下。东汉朝廷不能坐视南匈奴的动乱，派遣行车骑将军邓鸿、越骑校尉冯柱、行度辽将军朱徽率东汉左右羽林军、北军五校士及郡国积射、缘边兵，乌桓校尉任尚率乌桓、鲜卑兵，共 4 万大军进击逢侯。大军至美稷（今内蒙古准格尔旗纳林镇东北），逢侯乘黄河冰冻过河，越过狭窄山道，向满夷谷方向开进。邓鸿率军与师子单于、杜崇的部队会合，追击逢侯，至大城塞（今内蒙古鄂尔多斯草原伊金霍洛旗西），大败逢侯，杀3000多人，俘获万余人。冯柱追击逢侯另一支兵马，杀4000多人。任尚率乌桓大人勿柯、鲜卑大都护苏拔廆的联军8000骑兵在满夷谷拦击逢侯，又大败逢侯。在这次战役中，逢侯1.7万多人被歼，逢侯率众逃离出塞，汉军追赶不及。

永元七年（95）正月，罢遣鲜卑、乌桓、羌胡兵，大军凯旋，冯柱率虎牙营留驻五原郡。邓鸿回到洛阳，因逗留不进之罪被处死。朝廷了解到南匈奴的反乱是杜崇等安抚不当造成的，皆处死，又任命雁门太守庞奋代理度辽将军。右温禺犊王乌居战曾与安国合谋害师子。师子单于要拷问乌居战，乌居战率数千人反叛，出塞外躲入山谷里，侵掠吏民百姓。这年秋天，庞奋、冯柱与诸郡兵进击乌居战，乌居战投降，汉朝把他的部众和逢侯手下投降的人2万多人安置在安定、北地二郡。冯柱回到朝廷，因功升为将作大匠。

出逃的逢侯在塞外将部众分为二部，自领右部，屯涿邪山下。左部屯朔方郡西北，相去数百里。永元八年（96）冬，左部帅怀疑逢侯于己不利，从朔方郡入塞，庞奋接受了他们的归附，4000军队和1万多口老弱百姓被安置在北方各边郡。

在塞外的逢侯部众生活艰辛，饥寒交迫。原来游牧于东北地区的鲜卑人乘匈奴衰落之际，向西向南迁徙，不断进攻逢侯部众。逢侯部下又纷纷逃入塞内，归附汉朝。永元十二年（100），庞奋升任河南尹，朔方太守王彪任代理度辽将军。南匈奴单于连年进攻逢侯，捕获大量俘虏，数以千计，逢侯陷于困境。安帝元初四年（117），逢侯再次被鲜卑人打败，许多部众投降北匈奴。第二年，穷途末路的逢侯率100多名骑兵逃还，到朔方郡边塞，向汉朝请降。朝廷把他安置到颍川郡（今河南禹州）。

北匈奴自从被窦宪、耿夔与南匈奴大败之后，残众逃窜，分居各处，日益衰弱。在北匈奴西迁康居时，其老弱病残者留居新疆焉耆以北的巴音布鲁克草原一带，后与乌孙人、高车人融合成一国，称悦般国。另一部分仍然活动于阿尔泰山附近或乌孙以东。和帝末年，北匈奴遣使至东汉，请求和亲，东汉朝廷没有同意。元兴元年（105），他们再次遣使到敦煌贡献，国贫未能备礼，请求东汉派大使到他们那里监管，他们则会派侍子入汉。东汉朝廷仍然没有答应他们的请求。这都表示东汉王朝只承认南匈奴单于为匈奴人的唯一领袖，不承认北匈奴单于的合法地位。

后来分散的北匈奴人又聚集起来，在西域与东汉王朝对抗。最初，东汉有屯田吏士驻守西域，北匈奴并不敢骚扰西域。安帝永初元年（107），东汉罢免了西域都护，又撤回了各地屯田的将士。北匈奴乘虚而入，操控西域各国，利用西域各国的人力和物力，寇扰东汉西北边地。敦煌太守曹宗负责西域事务，对北匈奴深感忧虑。于是，东汉王朝又开始了与北匈奴对西域的新一轮争夺。

元初六年（119），朝廷派敦煌长史索班率1000多人驻屯伊吾（今新疆哈密），招抚西域各国，车师前王和鄯善国王皆归附汉朝。安帝永宁元年（120），北匈奴出兵，与车师后王军就联兵，进攻索班，汉军全军覆没，索班与车师前王国司马被杀。车师前王受到北匈奴进攻，逃离车师前国。鄯善国遭到北匈奴的猛烈进攻，向曹宗求救。曹宗向朝廷请求，希望出兵5000人，进击北匈奴，以洗刷索班之耻辱，进取西域。但此时安帝年幼，邓太后执政，她没有答应。

班勇建议，朝廷派一名担任护西域副校尉的人，驻守敦煌，恢复屯营兵300人的编制，保持与西域的联系。此外，他还建议派西域长史率兵屯楼兰故城之西，在焉耆、龟兹国要道驻守。朝廷没有完全采纳他的建议，只是派护西域副校尉统300人驻守敦煌，遥控西域，未能任命西域长史率兵至西域屯田驻守，控制西域要道。结果，北匈奴与车师后王国多次联兵，寇扰河西地区，这一带损失严重，丝绸之路北道被北匈奴控制。

永元十四年（102），任尚接替班超任西域都护。任尚赴任前曾去拜访班超，请教治理西域的经验，班超指出其“性严急”的缺点，嘱咐道：“塞外吏士，本非孝子顺孙。皆以罪过徙补边屯，而蛮夷怀鸟兽之心，难养易败。今君性严急，水清无大鱼，察政不得不和，宜荡佚简易，宽小过，总大纲而已。”任尚离开班超，对身边的人说：“我以班君当有奇策，今所言平平耳！”任尚任西域都护数年，西域竟反，丝绸之路再次中断，任尚以罪被征，一如班超所言。

汉安帝以班超的少子班勇为军司马，出敦煌迎回都护及屯田士兵。朝廷以西域险远，诏罢都护，由此弃西域。此后十余年间，北匈奴乘机胁迫西域诸国为属国，共同寇扰汉朝的边境地区。

北匈奴与车师连兵，入寇河西，朝廷无奈，有大臣甚至建议关闭玉门关和阳关，彻底放弃西域。延光二年（123），敦煌太守张珰上书陈三策，引起朝廷关于经营西域的争议。

张珰认为，北匈奴呼衍王经常转战于蒲类海、秦海之间，称霸西域，与西域诸国联兵，寇扰劫掠，成为西域和丝绸之路上的大患，不得不除。经营西域有上中下三策：上策是以酒泉属国吏士2000多人至昆仑塞会合，消灭呼衍王，从根本上解除西域动乱的根源，再调发鄯善兵5000人威胁车师后国王。中策是在朝廷不能出兵的情况下，设置军司马，率500人，由河西四郡供应耕牛、犁耙和粮草，出据柳中屯田。下策是如果这些都做不到，那就放弃交河城，收鄯善国百姓入塞。

尚书陈忠赞成张珰之中策。他认为北匈奴已破车师国，接下来肯定进攻鄯善国。西域不能放弃，鄯善不能不救。不救鄯善国，那西域诸国都会附从北匈奴。如果这样，北匈奴就能得到西域的财物，有了财物就会产生更大的野心，届时北匈奴威临南羌，与羌人联合，河西四郡就危险了。河西是丝绸之路要道，是中原的屏障，绝对不能不救，到那时劳师动众，会付出上百倍的代价。所以应该在敦煌设置校尉，按照过去的惯例，增加河西四郡的屯兵，安抚西域诸国，这样才能控制广阔西域，震慑北匈奴。

安帝延光二年（123），东汉政府采纳了陈忠的意见，决定重新夺回西域，派班勇为西域长史，率兵500余人出屯柳中（今新疆鄯善西南鲁克沁附近）。班勇手下500多士兵是弛刑士。弛刑士者，去掉刑具的犯人，汉代以刑徒及弛刑士为戍卒充军守边。

延光三年（124）正月，班勇至楼兰城，招降鄯善王。龟兹王白英尚在犹豫，班勇说服白英率姑墨（今新疆阿克苏一带）、温宿（今新疆阿克苏北部）等国降附。白英自知先前降附北匈奴，得罪汉朝，于是把自己捆起来，表示投降。班勇调集龟兹、姑墨、温宿等国步骑兵1万多人，进攻车师前国，伊和谷（在今新疆腾格里山）一战，击走了盘踞在此的北匈奴伊蠡王，收降车师前国5000余人，经车师前国的道路又打通了。

安帝延光四年（125）秋，班勇又调集敦煌、张掖、酒泉等郡骑兵6000人及鄯善、疏勒、车师前部诸国兵，进攻车师后国军，大获全胜，斩俘8000余人，获战马牲畜5万多头。班勇还抓获车师后王军就和匈奴持节使者，把他们押解到索班战死的地方，斩首以报索班之耻，并把他们的头送到首都洛阳。

顺帝永建元年（126），班勇立车师后王的儿子加特奴为后国王，派人诛杀东且弥国（今新疆乌鲁木齐）国王，又为其国立新王。于是车师六国（车师后王国、车师都尉国、车师后城长国、弧胡、山国被称为车师六国）皆被平定，东汉重新控制了西域北道的咽喉——车师前后王国。

这年冬天，班勇调发诸国兵出击北匈奴呼衍王，呼衍王远逃，其众2万余人投降。汉军捉到呼衍王的从兄，班勇让车师后王加特奴亲自动手杀死了他，使车师后国与北匈奴结下怨仇。北匈奴单于呼衍王自率1万多骑兵进入车师后国，至金且谷。班勇派假司马曹俊率骑兵救援车师后王国，单于遁走，曹俊追斩匈奴贵族骨都侯。呼衍王徙居枯梧河畔，车师诸国再无匈奴踪迹。

永建二年（127），班勇上书请求增兵，进攻北道中唯一未降的焉耆。朝廷派敦煌太守张朗率河西四郡兵3000人增援班勇。班勇又调集西域诸国兵4万余人，兵分两路，班勇率兵走南道，张朗率兵走北道，约定时间到焉耆会合。张朗曾经犯过罪，为了在西域立功赎罪，他挥军兼程急进，提前到达焉耆，不等班勇到达即猛攻焉耆之爵离关（即铁门关，在今新疆库尔勒市北郊），斩俘2000余人，焉耆王元孟恐兵败身亡，遂投降张朗。张朗立功免罪，而班勇却以未能按期到达之罪被征下狱，免官，后虽赦免，但不久抑郁而死，卒于家。

作为对抗汉朝的最后一个西域国家，也是北匈奴操纵的最后一个西域国家，焉耆被征服，东汉王朝实现了西域的第三次复通。永建六年（131），顺帝又令于伊吾屯田，并置伊吾司马一人。

东汉时，西域三绝三通，至班勇以长史重平西域，自此遂不复绝。班超、班勇父子在复通西域的过程中，建有卓越功绩。正是他们艰苦卓绝的斗争稳定了西域的局势，进一步加强了汉朝和西域地区的经济文化的交流，使得通向中亚、西亚以至远达欧洲的丝绸之路重新畅通无阻，促进了中西经济文化的交流。由于东汉时建都于洛阳，丝绸之路的东端延伸至此，中西交通和经济文化交流十分繁盛，葱岭以西诸国与汉交往频繁，奔波在各交通要道上的商贾车马，动辄以千计。

班勇离职后，北匈奴势力重新抬头，东汉王朝与北匈奴继续在西域进行较量，但这已经是最后的较量。北匈奴面临彻底崩溃，东汉王朝也已经力不从心。北匈奴的势力最终退出西域，而随着中央政权的衰落和中原地区的动乱，东汉王朝最终也失去了西域。

在经历了三绝三通之后，北匈奴残余势力仍在，东汉王朝对西域的控制越来越弱。西域形势的逆转是从顺帝阳嘉年间开始的。阳嘉三年（134）夏，汉朝车师后部司马率车师后王加特奴等西域各国 1500 人，对盘踞在阊吾陆谷的北匈奴发动突然袭击，毁坏了他们的庐帐，杀死数百人，并俘获北匈奴单于的母亲、叔母和妇女数百人，牛羊 10 余万头，车 1000 多辆，兵器家具众多。

作为报复，第二年，北匈奴呼衍王率兵入侵车师后国。东汉朝廷认为车师六国接近北匈奴，是西域的屏障，命敦煌太守调发西域诸国兵及玉门关侯、伊吾司马的部下，共 6300 名骑兵救援车师后国，在勒山对北匈奴发动进攻。但汉军遭遇败绩。这年秋天，呼衍王又率 2000 兵马进攻车师后国，攻破其都城。

顺帝永和二年（137），汉将裴岑率军在巴里坤（在伊吾之西）击毙北匈奴呼衍王。桓帝元嘉元年（151），北匈奴新呼衍王率 3000 多骑兵进攻伊吾（今新疆哈密），伊吾司马毛恺派 500 人与呼衍王交战，全军覆没。呼衍王乘胜进攻伊吾屯城。这年夏天，朝廷派敦煌太守司马达率敦煌、酒泉、张掖属国吏士 4000 多人救伊吾，出塞至蒲类海，呼衍王闻讯，急忙率军撤走。汉军无功而返。

在班勇之后，东汉与匈奴在西域数次交战，互有胜负，西域诸国也时降时叛，东汉勉强维持着对西域的统治。直到汉献帝建安年间，中原大乱，与西域的联系才中断。顺帝阳嘉以后，东汉朝廷在西域日益丧失威信，西域诸国对汉朝则日益骄慢，相互攻伐。元嘉二年（152），西域长史王敬被于阗国人攻杀。永兴元年（153），车师后王反攻东汉屯营，自此日益疏慢。随着中原战乱日益加深，东汉完全丧失了对西域的控制。

经过长期的较量，匈奴和东汉王朝的势力都退出了西域，但途经西域的丝绸之路仍然是中西方经济贸易和文化交流的通道，在促进东西文明对话的过程中继续发挥着重要作用。

四 最后的匈奴

当年窦宪北征，大败北匈奴，曾引起世界史上一次大规模的民族迁徙。

和帝永元元年（89），窦宪、耿秉等会合南匈奴进攻北匈奴，大战于稽落山，连战皆捷，追击到私渠比鞮海，降者20余万人，北单于逃向乌孙，汉军勒铭燕然山而还。燕然勒铭标志着汉朝对匈奴战争的彻底胜利，匈奴被汉朝彻底击溃。汉匈对抗达数百年之久，以匈奴的最终失败而告终。

从永元三年（91）起，北匈奴被迫放弃漠北高原，向西迁徙。原先游牧于中国东北地区的鲜卑人进入匈奴故地，匈奴余部大部分并属于鲜卑。还有一部分留在漠北西北隅，至5世纪时被新起的游牧民族柔然吞并。西迁的北匈奴先是活动于天山以北、乌孙以东地区，和汉朝反复争夺天山南北的地域，互有胜败。

自和帝之后，北匈奴的主要根据地就在西域，西域对北匈奴的生死存亡至关重要，因为匈奴需要西域的人力和物力。东汉中叶以后，政治混乱，社会黑暗，内部矛盾越来越激化，对于西域已难兼顾，为北匈奴的发展提供了新的机会。但是东汉末年，鲜卑势力越来越强盛，北匈奴遭到新的进攻。

当鲜卑人向西扩张，进入乌孙一带时，匈奴人的生存空间进一步受到挤压，只得离开西域，继续向西迁徙。根据对中文文献记载的研究，西迁的匈奴先抵达伊犁河上游、特克斯河和纳伦河流域，又进至费尔干纳盆地，后来到康居，在巴尔喀什湖与咸海之间活动。

据西文文献记载，在4世纪下半叶，匈奴人出现在里海以北。这部分匈奴人在失去了原来活动的地区后继续西迁，他们不能沿当年月氏人西迁的路线进入中亚地区，因为他们已无力与当地的贵霜王朝对抗，他们只能顺着过去斯基泰人流动的辽阔草原逐水草而居。

北匈奴的西迁引起了一系列的连锁反应，成为2—4世纪欧亚大陆的重大事件。西方文献中的“匈人”，被认为就是西迁的匈奴人。匈人击败了游牧于亚速海和高加索地区的阿兰人（即奄蔡人，魏晋时称阿兰人），杀死阿兰王，迫使阿兰人西迁。阿兰人向西进攻东哥特人，其中一支则与汪达尔人一道继续西迁，后来进入今西班牙境内，建立汪达尔—阿兰王国。374年（东晋孝武帝宁康二年），匈人越过顿河，征服了东哥特人。进而渡过德聂斯特河，击败西哥特人，迫使部分西哥特人迁往多瑙河以南的罗马帝国境内。这些进入罗马文明地区的“蛮族”，加剧了罗马帝国的动荡局势。

5世纪初，匈人占领以班诺尼亚（Pannonia，今匈牙利西部）为中心的中欧一带，由其首领阿提拉（434—453）建立起匈人帝国。阿提拉统治时期是匈人帝国最强盛的时代，其疆域东起咸海，西至大西洋海岸，北达波罗的海，南及多瑙河。他们进攻东罗马帝国，迫其纳贡，又进攻西罗马帝国，促其衰亡。

451年，阿提拉统军征伐西罗马，在沙隆之战中战败。453年，阿提拉去世，诸子内讧。454年（南朝宋孝武帝孝建元年），日耳曼人重创匈军，匈人帝国瓦解。576年以后，西方文献中再未见到有关匈人活动的记载。

匈人在欧洲活动的基地匈牙利平原，后来又被来自东方草原的游牧民族阿瓦尔人所占。阿瓦尔人被认为是来自中国北部草原的柔然民族，在受到北魏政权和后来兴起的突厥民族的进逼下，一部分西迁欧洲。884年，另一支来自东方游牧民族的马扎尔人（Maggars）又来到匈牙利王国，形成了后来的匈牙利民族。

北匈奴西迁，北方草原上留下了巨大的真空地带，东胡的鲜卑族乘虚而入，成为草原的新主人。匈奴部族留居故地者尚有 10 多万落（“落”在这里指古代草原民族游动性的居民点），也自称鲜卑人。起初，他们与鲜卑人之间存有许多区别，但长期的聚居和通婚，这些区别越来越少，两者逐渐融合不易区分了。

依附汉朝的南匈奴人，被东汉王朝安置在河套地区。他们倚仗东汉王朝的军力多次大败北匈奴，接纳大量降众，势力大增。但因部族成分复杂，矛盾重重，难以控制，内部不稳，时有叛乱，东汉王朝对南匈奴的管理愈加严厉，好几位南匈奴单于先后被杀。随着鲜卑族势力逐渐强大，受到挤压的南匈奴纷纷内迁汉朝内地，成为日后“五胡乱华”的根源之一。

东汉末年，中原地区发生了黄巾起义，董卓专权。南匈奴发生内讧，羌渠单于被杀，其子左贤王于夫罗继位。叛军恐遭报复，便另立单于，于夫罗只得前往汉廷申诉求助。正值汉末大乱，朝廷无力扶助于夫罗，他只好留在河东郡（今山西夏县北）。195 年，南匈奴参与了中原混战，蔡邕之女蔡文姬被掳掠至匈奴就发生在此时。

曹操平定北方后，202 年，南匈奴首领归附汉丞相曹操，曹操用重金赎回蔡文姬。216 年，曹操拘留南匈奴呼厨泉单于，派右贤王去卑监国，并将南匈奴分成五部，即左、右、南、北、中，分别安置在今陕西、山西、河北各地。各部贵者为帅，后又改称都尉，以汉人为司马监督之。于夫罗的儿子刘豹担任左部帅，被安置在平阳郡。南匈奴与平阳郡

蔡文姬

匈奴皆被取消单于之号，失去了政治上的独立性，完全受制于中原政权，至此匈奴单于王朝终结。

东汉末年以后，北方各游牧民族纷纷涌入中原，史称“关中人口百余万，戎狄居半，匈汉杂居”。西晋年间，贾后干政，引发“八王之乱”，混战长达10多年，由此又引发“五胡乱华”，匈奴人即“五胡”之一，建立了汉、前赵、夏、北凉等割据政权。

于夫罗的孙子刘渊原先在成都王司马颖手下为将，乘西晋“八王之乱”后的混乱局面，在并州离石县（今山西吕梁离石）起兵建立汉国，称汉王，后称帝，占领了北中国的大部分地区。311年，刘渊的儿子刘聪攻占洛阳，316年攻占长安，灭西晋。318年，匈奴贵族靳准又杀死刘聪的儿子刘粲及其家族，自立为汉天王。刘聪族弟刘曜在长安称帝，改国号为赵，灭靳氏复仇，史称后赵。后赵政权暴虐，民怨沸腾，引起大规模反抗。328年，石勒擒杀刘曜。第二年，在上邽杀太子刘熙及公卿将相3000余人，后赵灭亡。

匈奴在中国北方衰落后，鲜卑人进入蒙古高原。一部分匈奴人与鲜卑人的混血后代称为铁弗人。铁弗人刘勃勃被鲜卑拓跋氏击败，投奔由羌人建立的后秦。他自认是夏后氏之苗裔，末代的匈奴王，改姓赫连，意谓显赫与上天相连。赫连勃勃在河套地区创立大夏国，建都统万城。刘裕率东晋军灭后秦，占领长安；赫连勃勃击败东晋军队，夺下关中地区，占领长安。425年，赫连勃勃去世，子赫连昌继位。428年，北魏进攻大夏，俘获赫连昌，赫连昌的弟弟赫连定在平凉（在今甘肃东部）自称夏皇帝。431年，北魏俘虏赫连定，大夏亡。

汉代至南北朝时期，活跃于中国西北的还有一个被称为卢水胡的少数民族，族源复杂，既有匈奴、月氏的成分，又吸收了羯族、氐羌乃至汉族等部族，因而兼具白种人和黄种人的特征，其核心成分被认为是源自商代的卢方。其中的沮渠家族推后凉汉官段业为主，在今甘肃地区建立北凉政权。后来，沮渠蒙逊杀段业，自立为北凉王。433年，沮渠蒙逊的儿子沮渠牧犍继位。439年，北凉被鲜卑拓跋氏建立的北魏所灭。沮渠牧犍的弟弟沮渠无讳率众西迁至高昌（今新疆吐鲁番一带），建立高昌北凉国。460年，高昌北凉为柔然所攻灭。从东汉开始，卢水胡作为雇佣军曾多次出征西域和匈奴，镇压起义，成为汉代河西士兵的重要来源。卢水胡雇佣军人也有因功被汉族朝廷任用而彻底汉化的，其族群在南北朝时期渐渐与其他民族一道融入了汉族。

追踪匈奴人最后的踪迹，还涉及魏晋时期北方鲜卑民族中的宇文氏部落。宇文部是1世纪时北匈奴被东汉击败西迁后，留在故地漠北的部众东迁，又融入靠近高句丽的宇文鲜卑部落，与鲜卑族人混居以后被同化的族群。该部曾参加鲜卑首领檀石槐的部落联盟，他们的首领成为鲜卑的东部大人。鲜卑族宇文部人丁兴旺，逐渐兴盛起来，一直至东晋五胡十六国前期为止。强盛时，其地约在濡源（今河北滦河上游）以东、柳城（今辽宁朝阳）以西一带的广大地区，与同期存在的慕容部鲜卑、段部鲜卑，均属东部鲜卑的支系。

柳中城遗址

汉匈奴归义亲汉长铜印

在西晋时，宇文部几代首领与鲜卑拓跋部关系较好，两部族之间常有通婚。在五胡十六国时期，宇文部投靠势力强大的后赵政权。宇文部与慕容部之间一直存在着不断的争斗，其首领宇文莫珪、宇文逊昵延、宇文乞得龟、宇文逸豆归都曾为慕容部所败，约在东晋咸和九年（344）或东晋咸康元年（345），宇文部最终被慕容部所建立的前燕政权击溃，宇文部由此灭亡。宇文部虽然溃散了，但宇文氏族人仍在历史舞台上发挥着重要作用。北周的奠基者宇文泰就是宇文逸豆归的五世孙。

总之，匈奴人同化于羯、鲜卑和汉族等民族中，退出了历史舞台，销声匿迹。